워크북

입체를 펼치고 접는
공간 전개도 퍼즐

Cuboid
큐보이드

A

차 례

1. 입체 만들기 ········· 1
2. 전개도 접기 ········· 7
3. 전개도 무늬 ········· 13
4. 만나는 점 ········· 19

정답 ········· 25

"꿈꾸는 아이들을 위한 교육 사다리"

논리와 재미, 즐거운 수학 교육을 위한 최고의 콘텐츠를 만들겠습니다

사고가 자라는 수학

- 법인명: ㈜씨투엠에듀(C2MEDU corp.)
- CEO: 한헌조
- 창립연도: 2014년 10월
- 홈페이지: www.c2medu.co.kr

01 입체 만들기

연관 활동: 교구 매뉴얼 activity 1

선분, 직사각형, 직육면체

두 점을 곧게 이은 선을 선분이라고 하고, 선분 4개로 둘러싸인 도형을 사각형이라고 합니다. 사각형 중에서도 네 각이 모두 직각인 반듯한 사각형을 직사각형이라고 합니다.

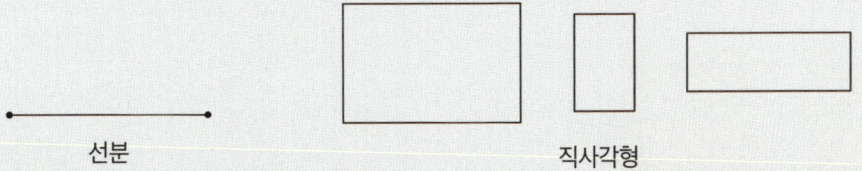

선분   직사각형

또한 우리가 흔히 아는 상자 모양인 직사각형 6개로 둘러싸인 도형을 직육면체라고 합니다.

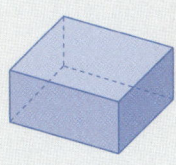 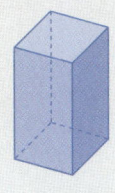 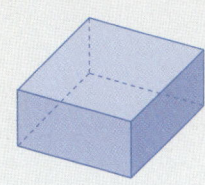

직육면체

직육면체 만들기

✖ 주어진 조각으로 직육면체를 만들어 보세요.

뿔 모양 만들기

✖ 주어진 조각으로 뿔 모양을 만들어 보세요.

만든 모양 찾기

✳ 큰 정사각형과 직사각형 조각으로 직육면체를 만들고, 만든 직육면체를 찾아 ○표 하세요.

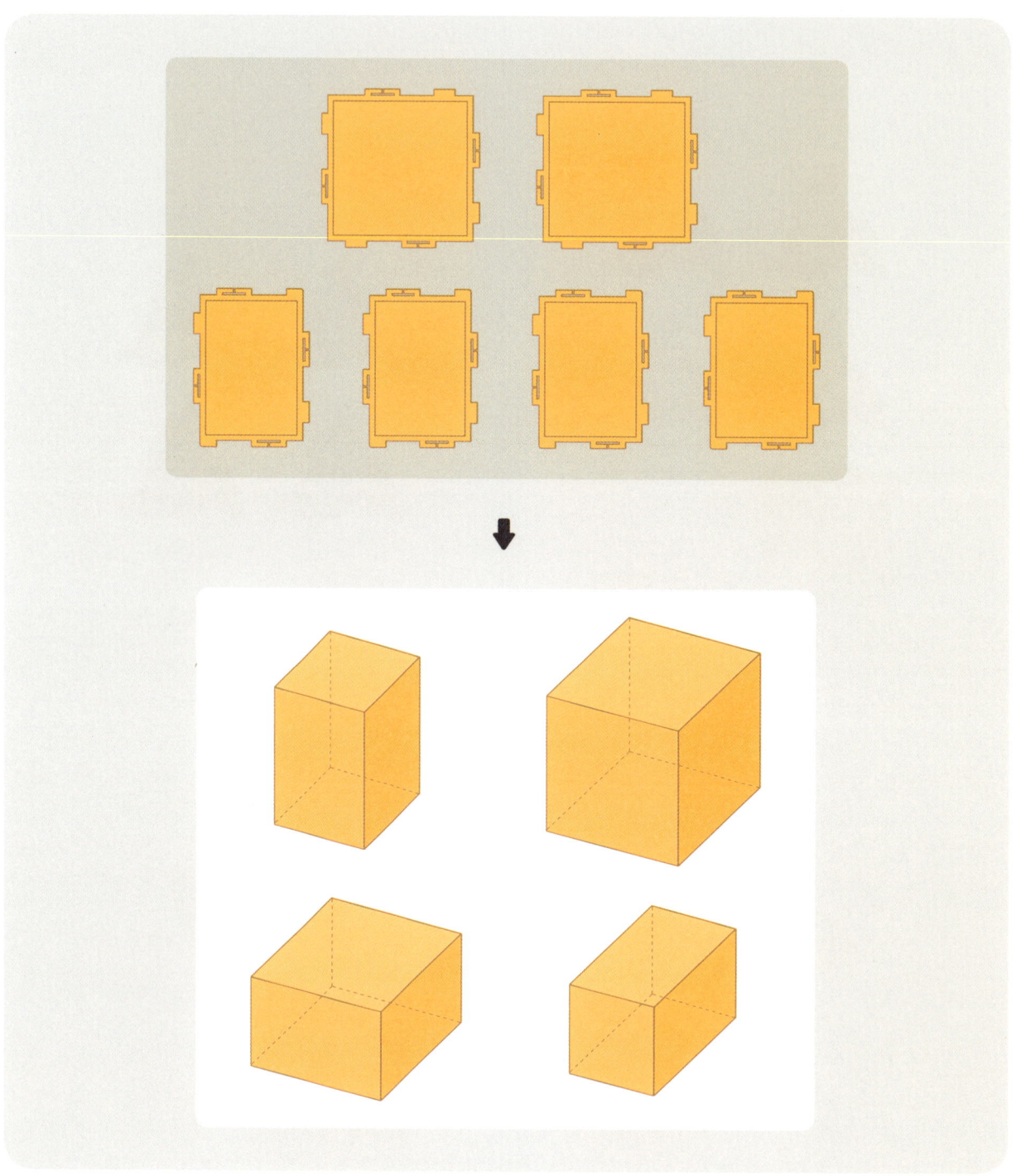

사용하지 않은 면

✖ 직사각형 **6**개로 다음과 같은 직육면체를 만들었습니다. 직육면체를 만드는 데 사용하지 <u>않은</u> 면을 찾아 모두 ×표 하세요.

면 그리기

준비물: 빈 면

✖ 정삼각형과 직사각형 조각으로 다음 입체도형을 만들어 보세요. 입체도형을 만드는 데 사용한 조각을 모두 그려 보세요.

02 전개도 접기

연관 활동: 교구 매뉴얼 activity 1

직육면체의 전개도

직육면체에서 선분으로 둘러싸인 부분을 면이라고 합니다. 직육면체는 직사각형 6개로 둘러싸인 도형이므로 직육면체의 면은 모두 직사각형 모양입니다. 또한 면과 면이 만나는 선분을 모서리, 모서리와 모서리가 만나는 점을 꼭짓점이라고 합니다.

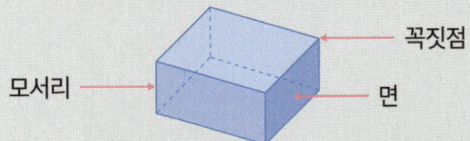

직육면체의 모서리를 잘라서 펼쳐 놓은 그림을 직육면체의 전개도라고 합니다. 전개도에서 잘린 모서리(테두리 부분)는 실선으로, 잘리지 않은 모서리(안쪽 부분)는 점선으로 표시해야 합니다.

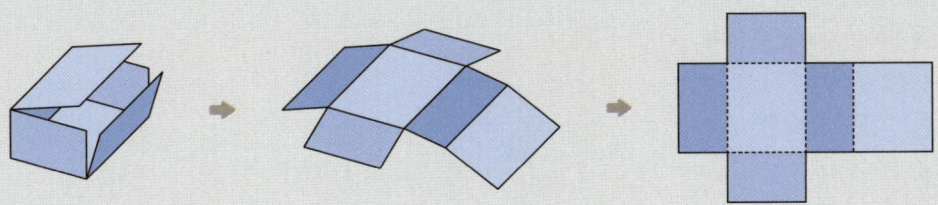

전개도 접기 1

준비물 • 빈 면

✖ 작은 정사각형과 직사각형 조각으로 다음 모양을 만들고 모양을 접어 입체도형을 만들어 보세요. 만든 입체도형을 찾아 ○표 하세요.

직육면체의 모서리를 잘라 펼쳐 놓은 그림을 직육면체의 '전개도'라고 해.

전개도 접기 2

준비물 • 빈 면

✖ 큰 정사각형과 직사각형 조각으로 다음 모양을 만들고 모양을 접어 입체도형을 만들어 보세요. 만든 입체도형을 찾아 ○표 하세요.

전개도 찾기

✻ 작은 정사각형 조각 **6**개로 다음 전개도를 각각 만들어 보세요. 전개도를 접었을 때 정육면체를 만들 수 <u>없는</u> 것에 모두 ✕표 하세요.

점선 그려 넣기

준비물 › 빈 면

✖ 직육면체를 펼친 전개도의 일부입니다. 각 전개도에서 빠진 점선을 그려 넣으세요.
전개도를 만들어 점선이 있는 부분을 찾아보세요.

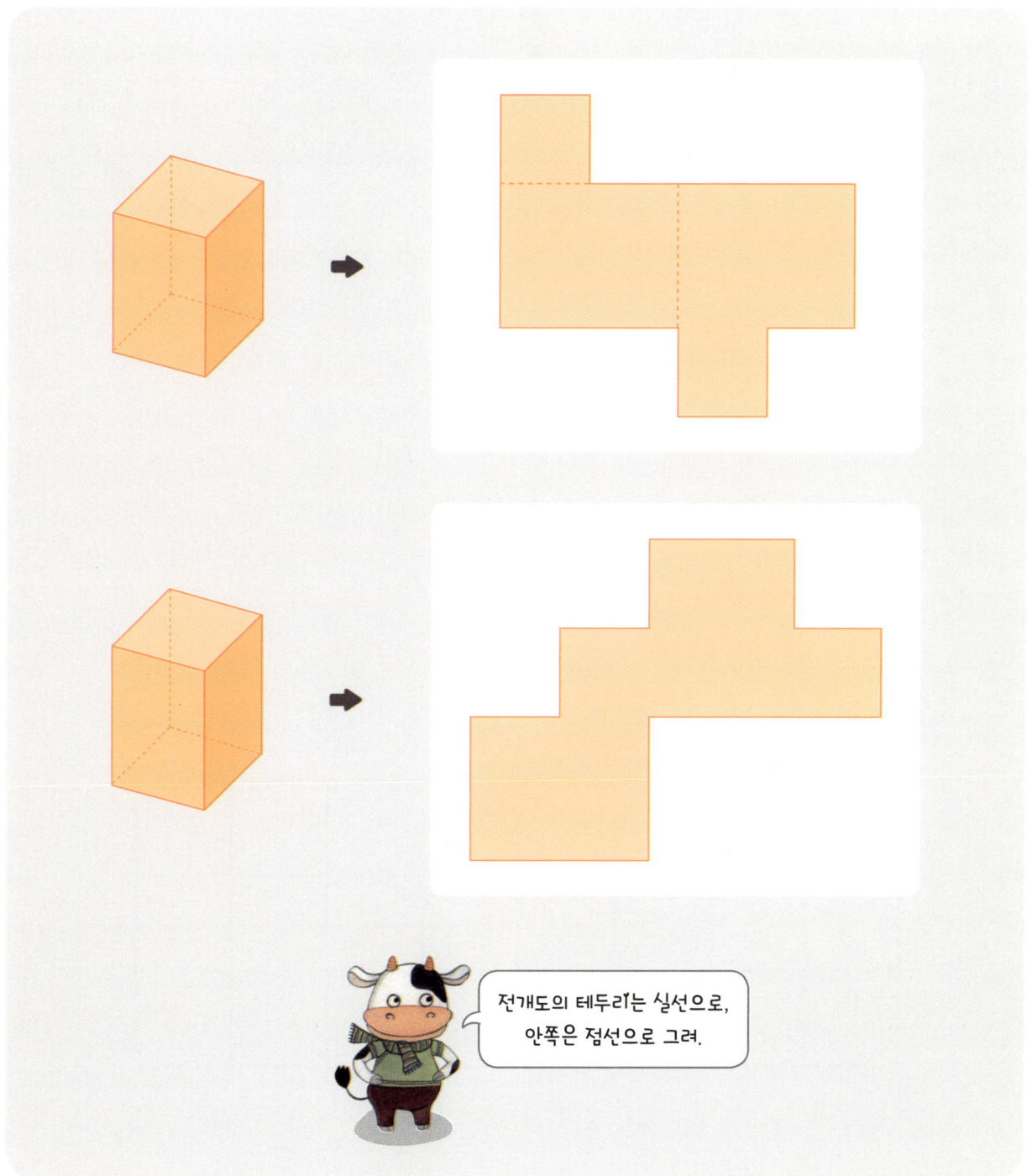

전개도의 테두리는 실선으로, 안쪽은 점선으로 그려.

전개도 그리기

준비물: 빈 면

✂ 작은 정사각형 조각으로 정육면체를 만들어 보세요. 정육면체를 면이 모두 연결되도록 펼치고 펼친 모양을 그려 보세요. (주어진 전개도와 다른 모양으로 펼쳐 봅니다.)

03 전개도 무늬

연관 활동: 교구 매뉴얼 activity 4

마주 보는 면

정육면체에서 색칠된 두 면은 서로 마주 보는 면으로 아무리 늘여도 서로 만나지 않습니다.

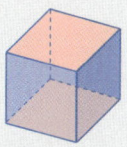 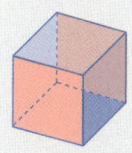 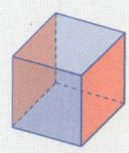

정육면체의 전개도에서 마주 보는 면을 찾아봅시다. 한 면과 연결된 있는 면은 마주 보는 면이 될 수 없습니다. 일반적으로 한 방향으로 한 칸 건너에 있는 면이 마주 보는 면이지만 전개도의 모양에 따라 달라질 수도 있습니다. 마주 보는 면을 찾을 때 가장 중요한 것은 전개도를 접는 과정을 머릿속으로 그리는 것입니다.

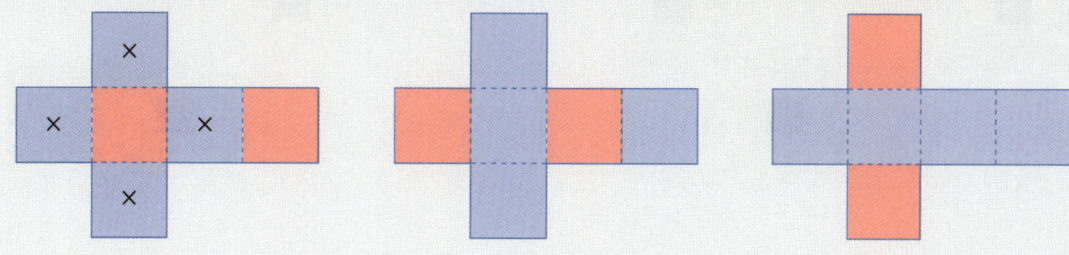

무늬 정육면체

✖ 작은 정사각형으로 다음 정육면체를 펼친 모양을 각각 만들어 보세요. 펼친 모양을 접었을 때 주어진 정육면체가 만들어지는 모양에 모두 ○표 하세요.

준비물 • 빈 면, 무늬 면

무늬 사각뿔

✳ 정삼각형 조각으로 다음 뿔 모양을 펼친 모양을 각각 만들어 보세요. 펼친 모양을 접었을 때 주어진 뿔 모양이 만들어지는 모양에 모두 ○표 하세요.

무늬 완성하기

준비물: 빈 면, 무늬 면

■ 무늬 3개가 그려져 있는 정육면체를 만들 수 있도록 전개도에 ■ 무늬 1개를 그려 넣으세요. 작은 정사각형 조각으로 전개도를 만들어 확인해 보세요.

무늬 전개도 접기

준비물 빈 면, 무늬 면

전개도를 접었을 때 나올 수 없는 정육면체에 모두 ×표 하세요. 작은 정사각형 조각으로 전개도를 만들어 확인해 보세요.

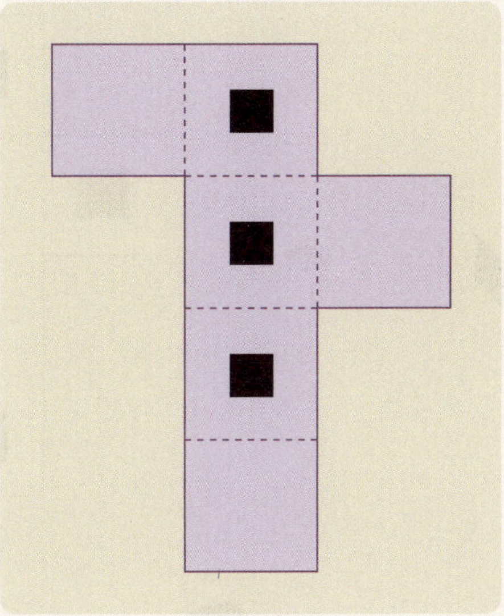

정육면체의 전개도

준비물 빈 면, 무늬 면

✳ 작은 정사각형 조각으로 다음과 같은 정육면체를 만들어 보세요. 정육면체를 면이 모두 연결되도록 펼치고 펼친 모양을 그려 보세요. (주어진 전개도와 다른 모양으로 펼쳐 봅니다.)

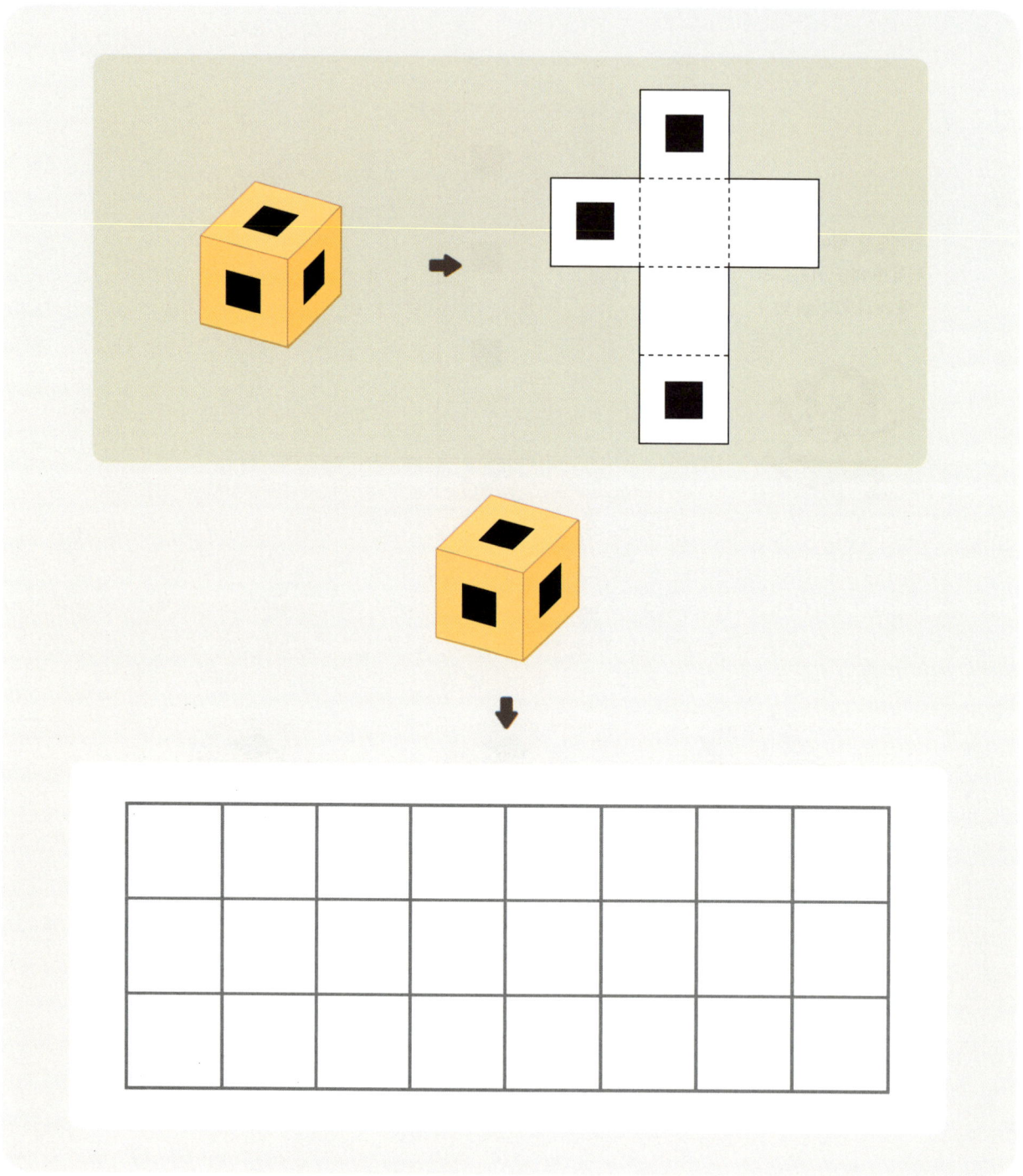

04 만나는 점

연관 활동: 교구 매뉴얼 activity 3

만나는 점과 겹치는 선분

직육면체를 살펴보면 하나의 꼭짓점은 세 면과 연결되어 있고 하나의 모서리는 두 면과 연결되어 있습니다.

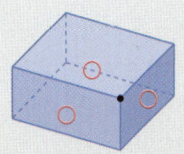 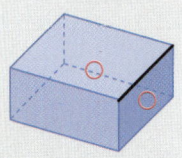

직육면체를 펼친 전개도를 보면 표시된 점과 선이 같은 꼭짓점과 같은 모서리에서 만납니다. 만나는 점과 선분을 찾을 때는 직육면체를 직접 펼쳐 보면서 이해하는 것이 도움이 되고 펼치는 과정을 머릿속으로 그리는 것이 중요합니다.

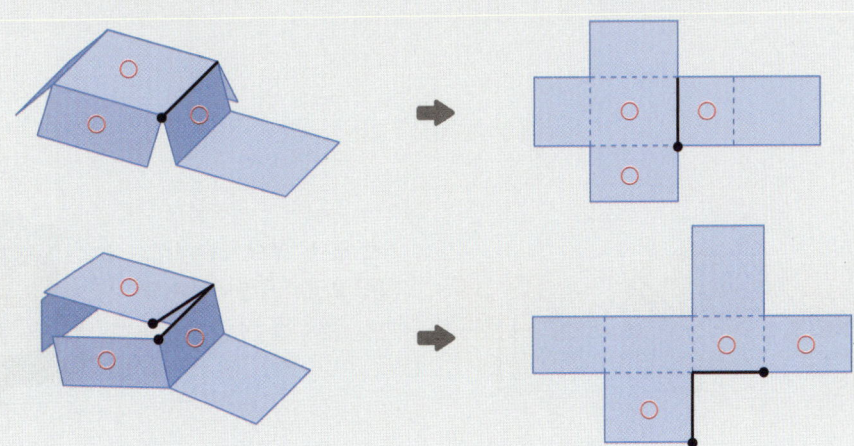

겹치는 선분

준비물: 빈 면, 모서리 면

✳ 작은 정사각형 조각으로 다음 모양을 각각 만들어 보세요. 모양을 접었을 때 두 선(ㅣ)이 한 모서리에서 만나는 것에 모두 ○표 하세요.

한 모서리에서 만나려면 이런 모양이 만들어져야 돼.

만나는 점

준비물: 빈 면, 꼭짓점 면

✖ 작은 정사각형 조각으로 다음 모양을 각각 만들어 보세요. 펼친 모양을 접었을 때 세 점(◢)이 한 꼭짓점에서 만나는 것에 모두 ○표 하세요.

겹치는 선분 찾기

준비물: 빈 면, 모서리 면

✳ 정육면체를 펼친 모양이 다음과 같습니다. 펼친 모양을 접었을 때 두 선(┃)이 한 모서리에서 만나도록 연한 부분에 필요한 조각을 연결하여 펼친 모양을 만들어 보세요.

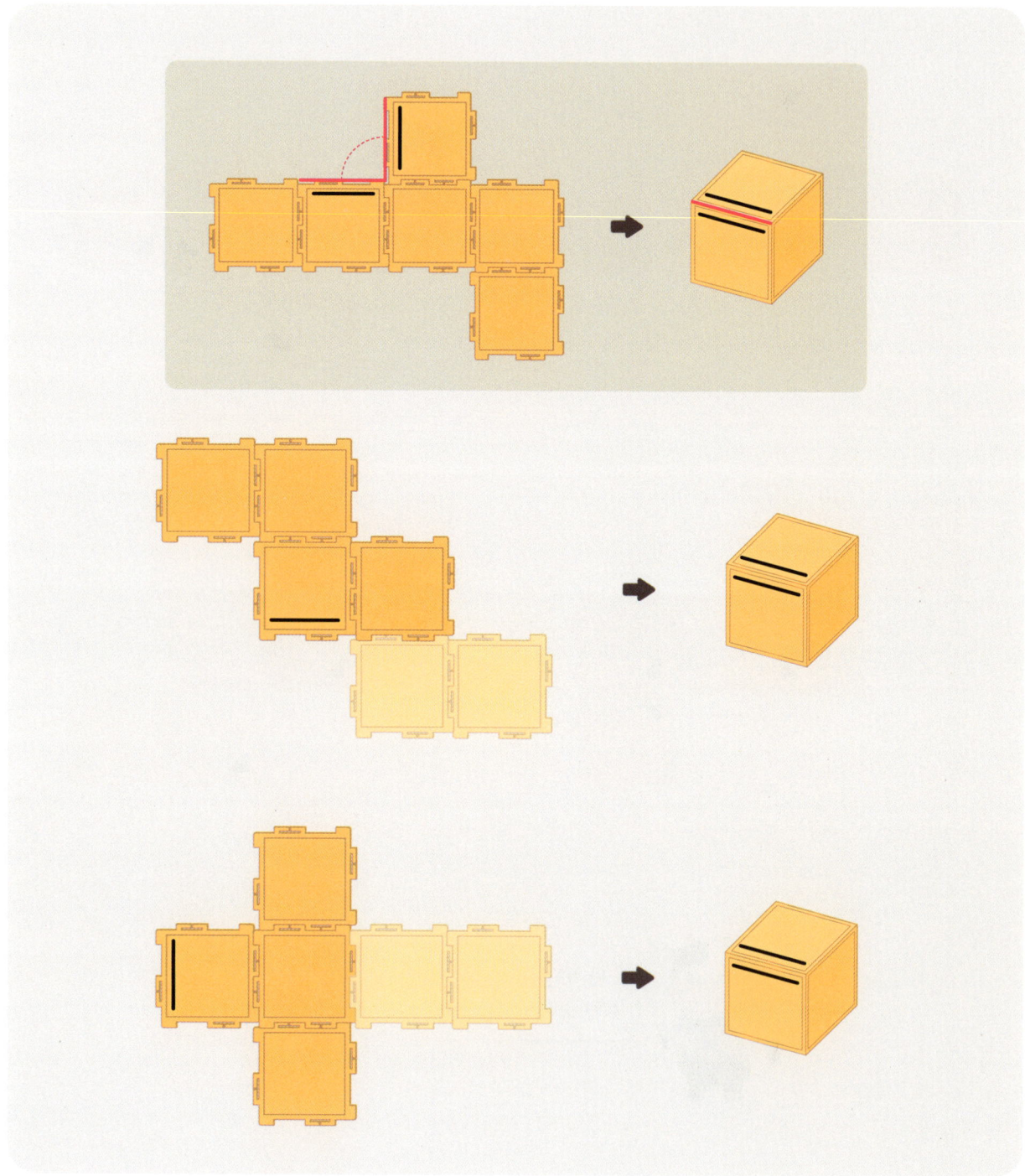

만나는 점 찾기

준비물: 빈 면, 꼭짓점 면

❋ 정육면체를 펼친 모양이 다음과 같습니다. 펼친 모양을 접었을 때 세 점(▼)이 한 꼭짓점에서 만나도록 연한 부분에 필요한 조각을 연결하여 펼친 모양을 만들어 보세요.

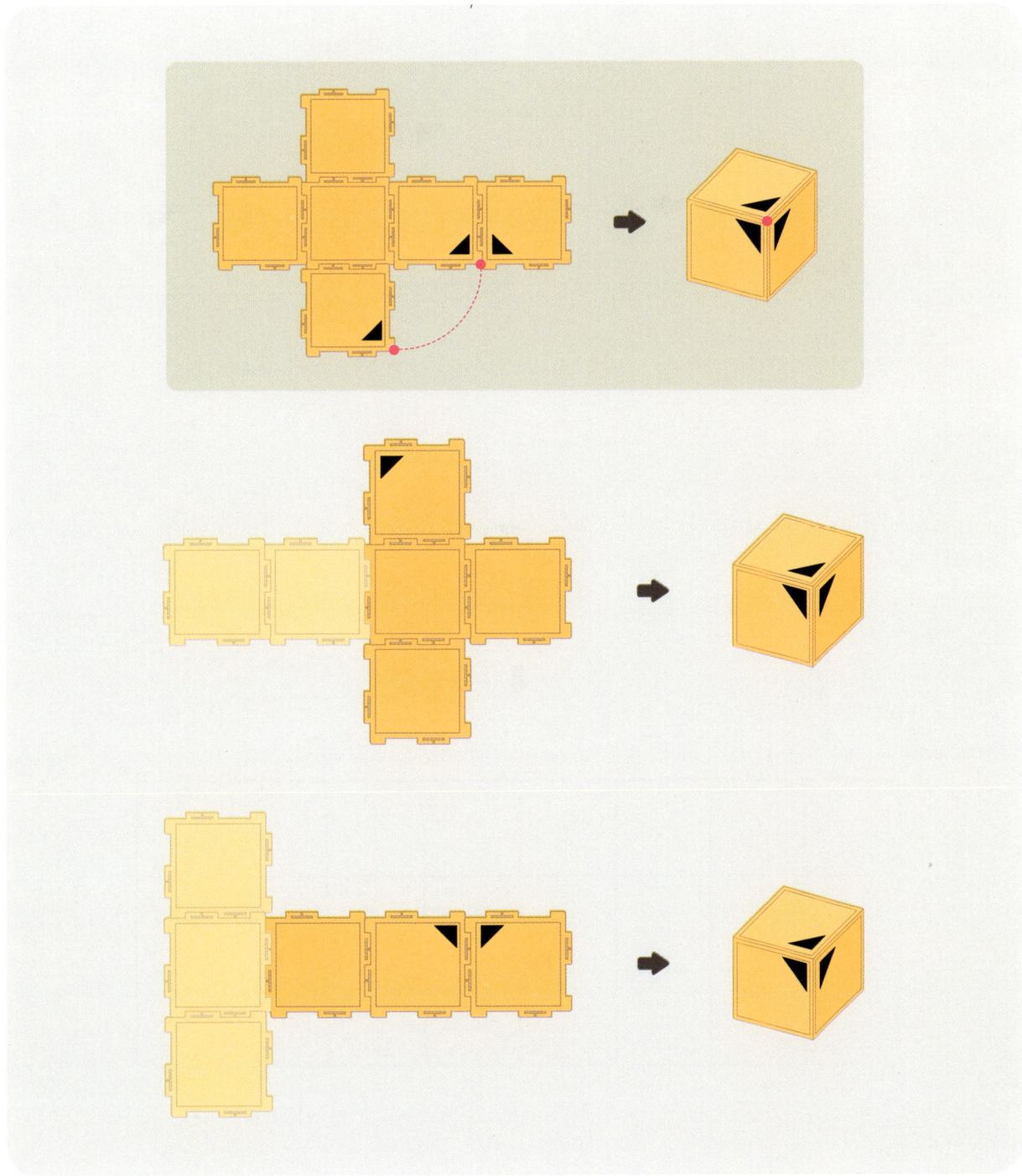

23

정육면체 펼치기

준비물: 빈 면, 꼭짓점 면

✼ 작은 정사각형 조각으로 다음과 같은 정육면체를 만들어 보세요. 정육면체를 면이 모두 연결되도록 펼치고 펼친 모양을 그려 보세요. (주어진 전개도와 다른 모양으로 펼쳐 봅니다.)

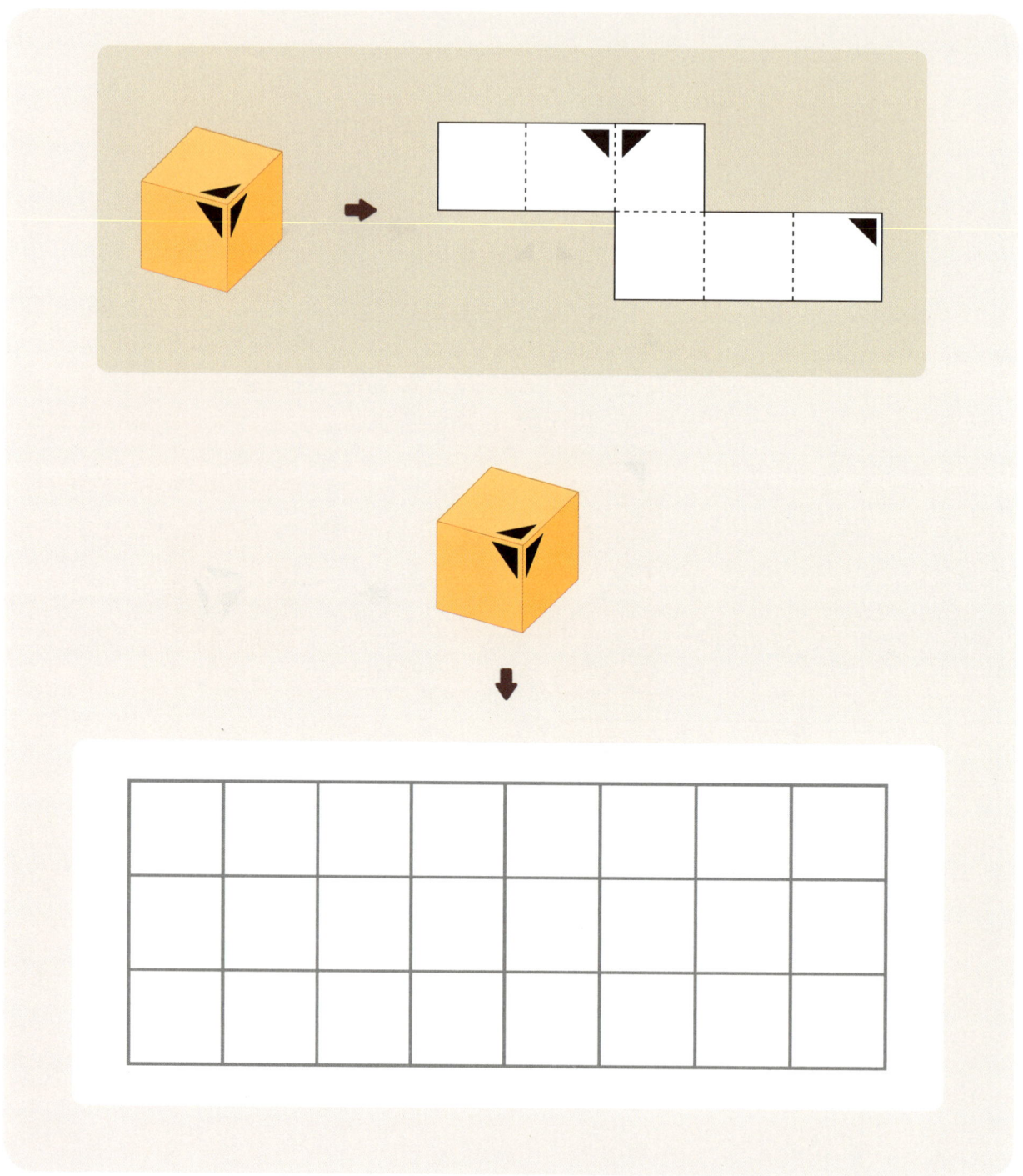

24

정답

큐보이드 A

큐보이드 A

2 직육면체 만들기

주어진 조각으로 직육면체를 만들어 보세요.

3 뿔 모양 만들기

주어진 조각으로 뿔 모양을 만들어 보세요.

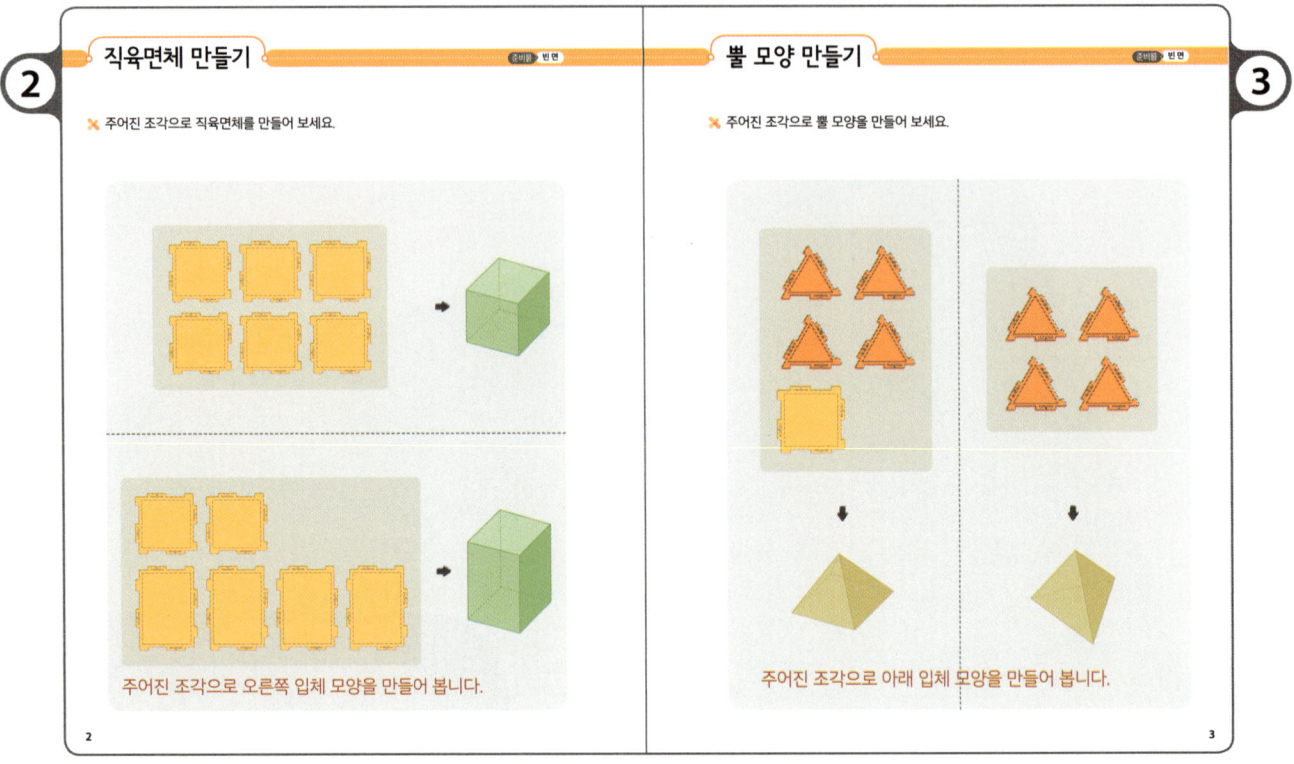

주어진 조각으로 오른쪽 입체 모양을 만들어 봅니다.

주어진 조각으로 아래 입체 모양을 만들어 봅니다.

4 만든 모양 찾기

큰 정사각형과 직사각형 조각으로 직육면체를 만들고, 만든 직육면체를 찾아 ○표 하세요.

5 사용하지 않은 면

직사각형 6개로 다음과 같은 직육면체를 만들었습니다. 직육면체를 만드는 데 사용하지 않은 면을 찾아 모두 ×표 하세요.

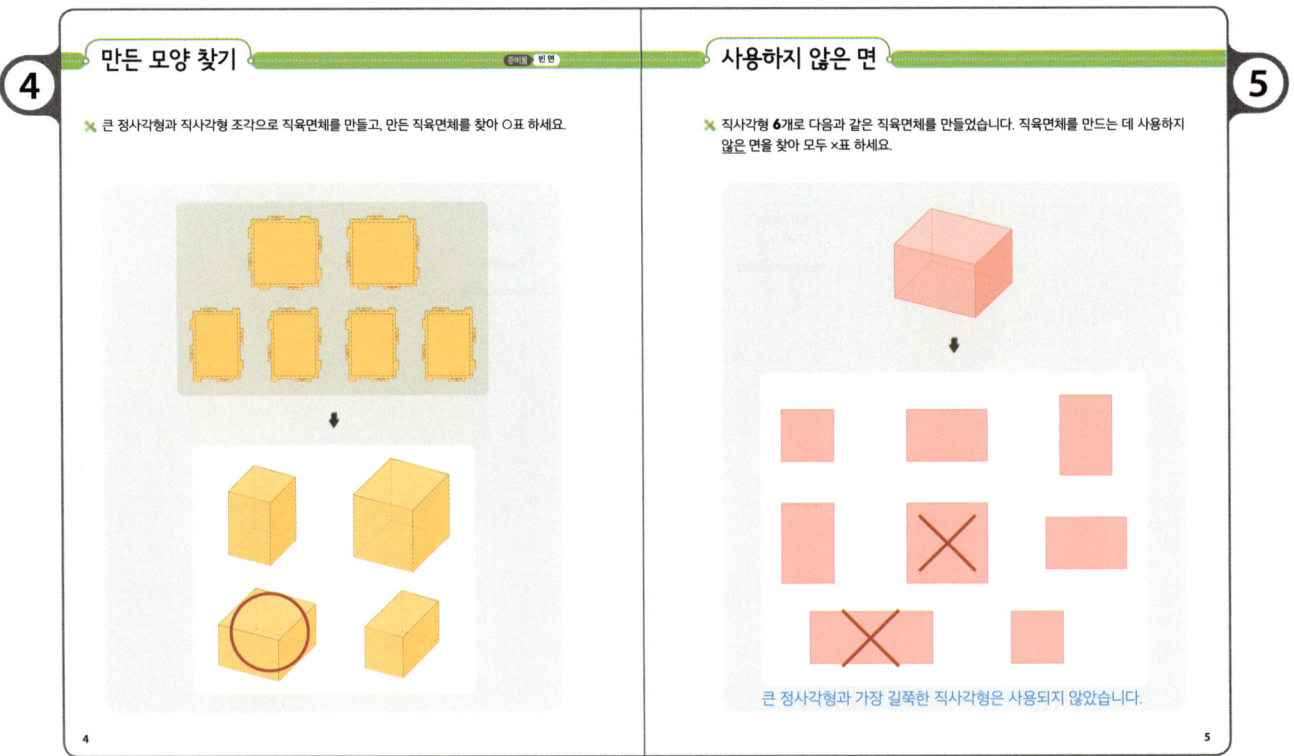

큰 정사각형과 가장 길쭉한 직사각형은 사용되지 않았습니다.

6. 면 그리기

정삼각형과 직사각형 조각으로 다음 입체도형을 만들어 보세요. 입체도형을 만드는 데 사용한 조각을 모두 그려 보세요.

오른쪽 입체도형을 만들려면 직사각형 **3**개와 정삼각형 **2**개가 필요합니다.

돌려서 같은 모양이면 정답입니다.

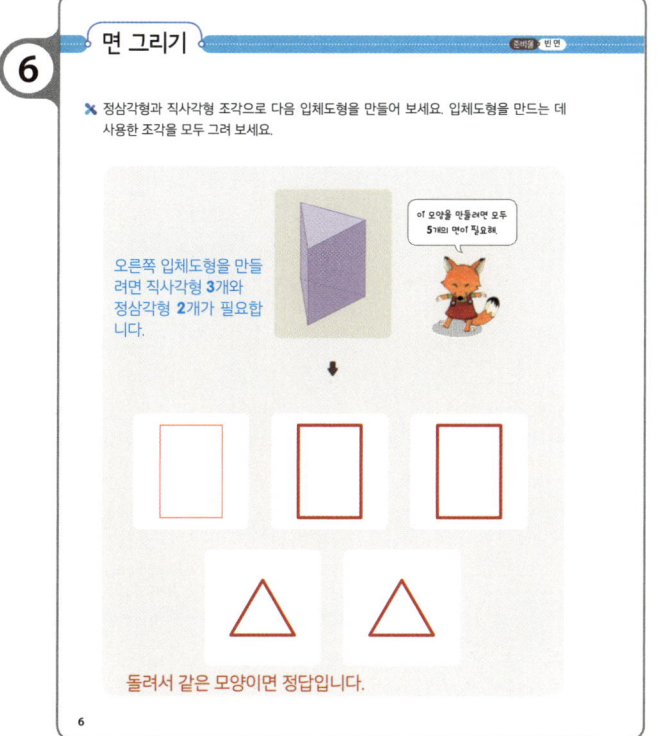

8. 전개도 접기 1

작은 정사각형과 직사각형 조각으로 다음 모양을 만들고 모양을 접어 입체도형을 만들어 보세요. 만든 입체도형을 찾아 ○표 하세요.

9. 전개도 접기 2

큰 정사각형과 직사각형 조각으로 다음 모양을 만들고 모양을 접어 입체도형을 만들어 보세요. 만든 입체도형을 찾아 ○표 하세요.

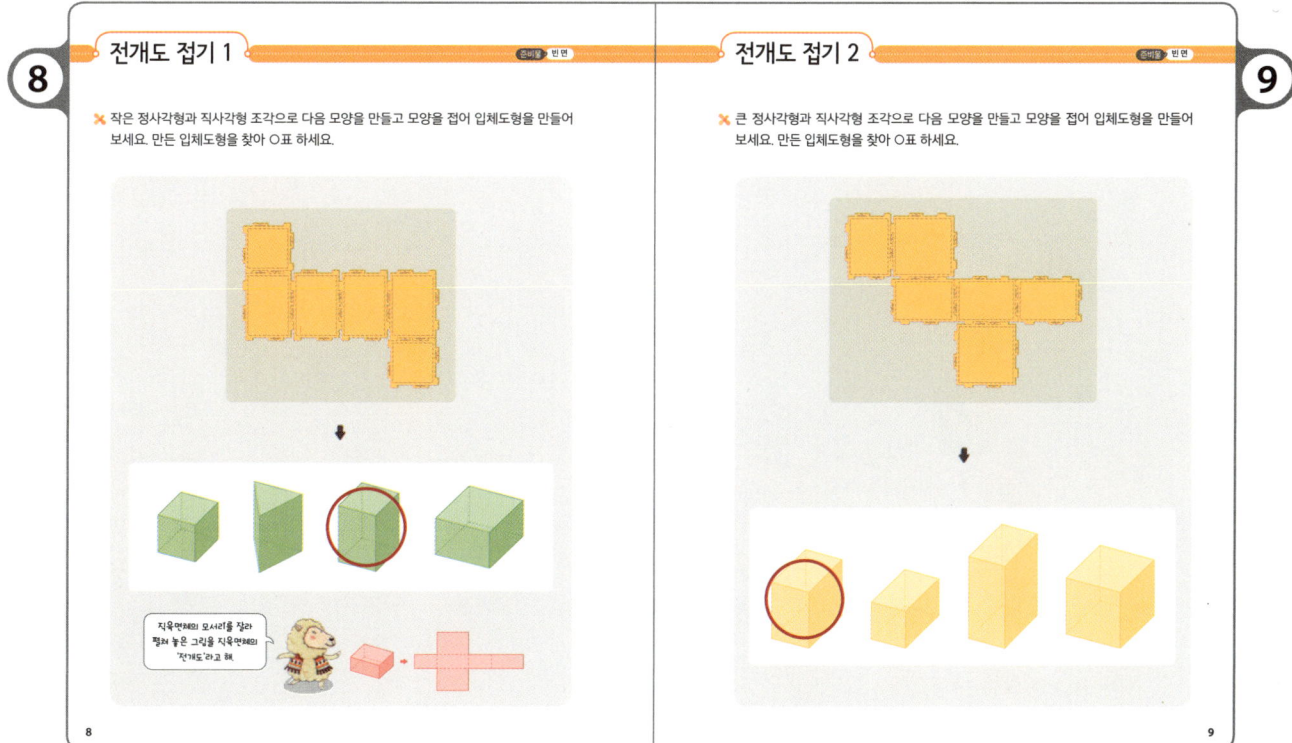

큐보이드 A

10. 전개도 찾기

작은 정사각형 조각 **6**개로 다음 전개도를 각각 만들어 보세요. 전개도를 접었을 때 정육면체를 만들 수 <u>없는</u> 것에 모두 ×표 하세요.

11. 점선 그려 넣기

직육면체를 펼친 전개도의 일부입니다. 각 전개도에서 빠진 점선을 그려 넣으세요. 전개도를 만들어 점선이 있는 부분을 찾아보세요.

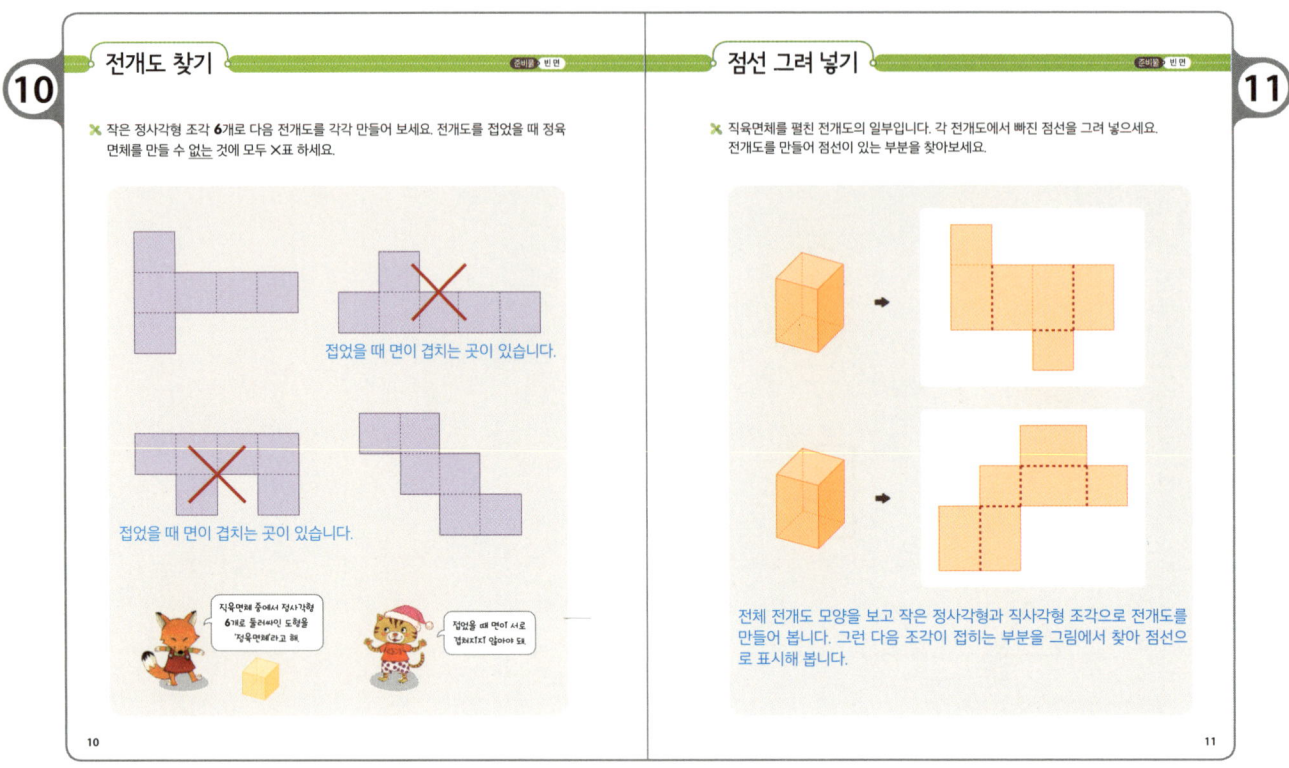

전체 전개도 모양을 보고 작은 정사각형과 직사각형 조각으로 전개도를 만들어 봅니다. 그런 다음 조각이 접히는 부분을 그림에서 찾아 점선으로 표시해 봅니다.

12. 전개도 그리기

작은 정사각형 조각으로 정육면체를 만들어 보세요. 정육면체를 면이 모두 연결되도록 펼치고 펼친 모양을 그려 보세요. (주어진 전개도와 다른 모양으로 펼쳐 봅니다.)

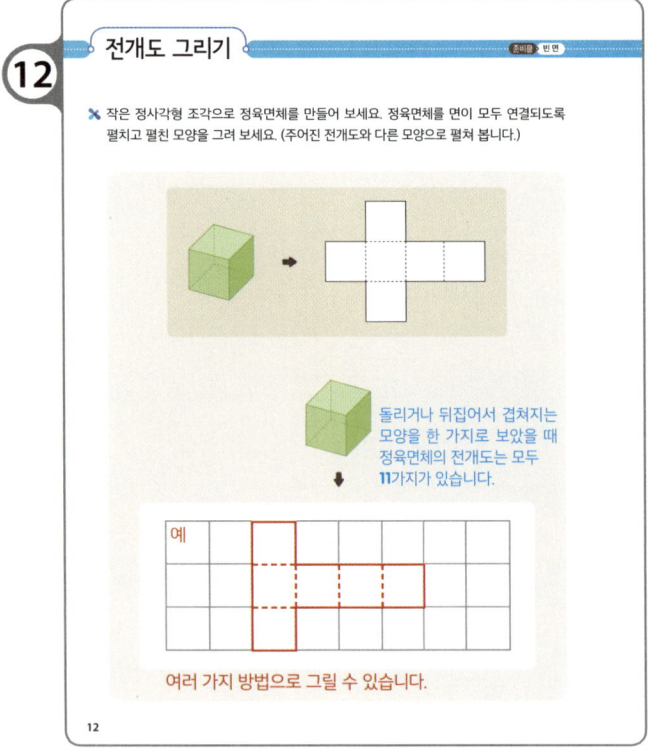

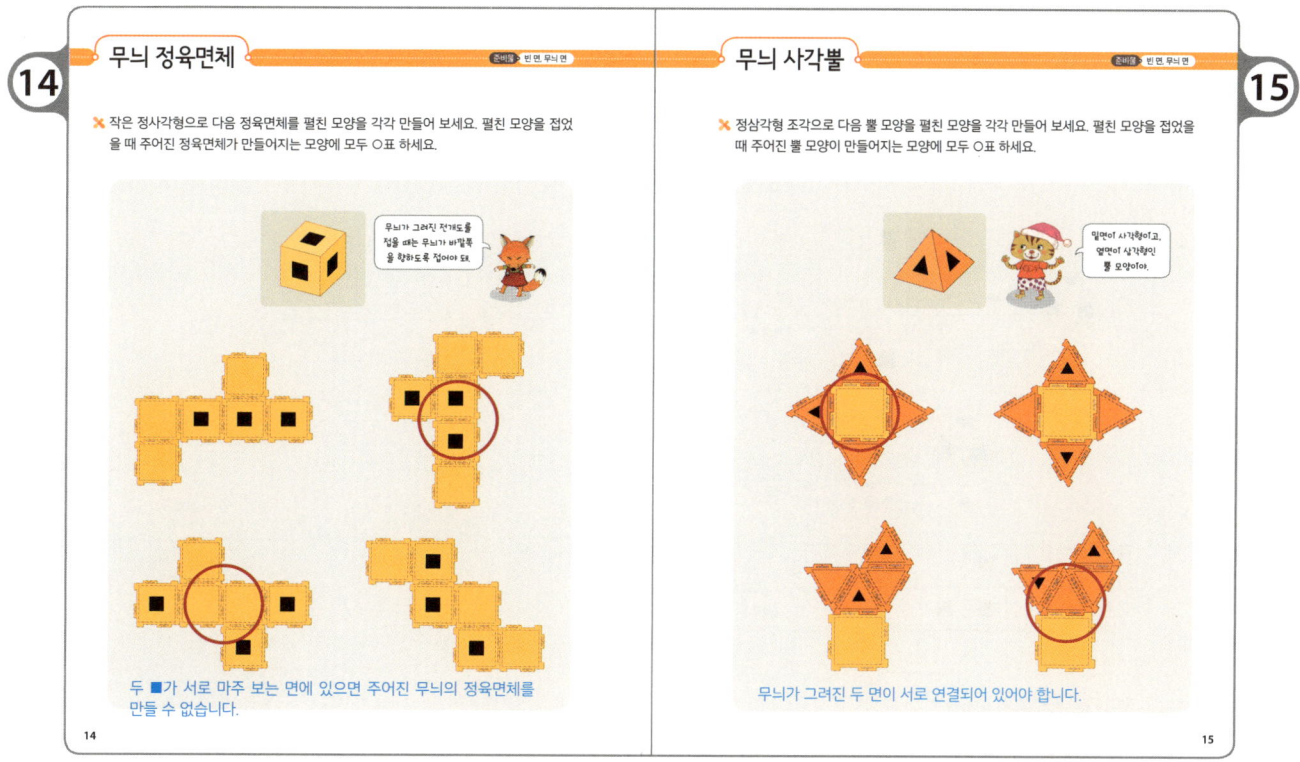

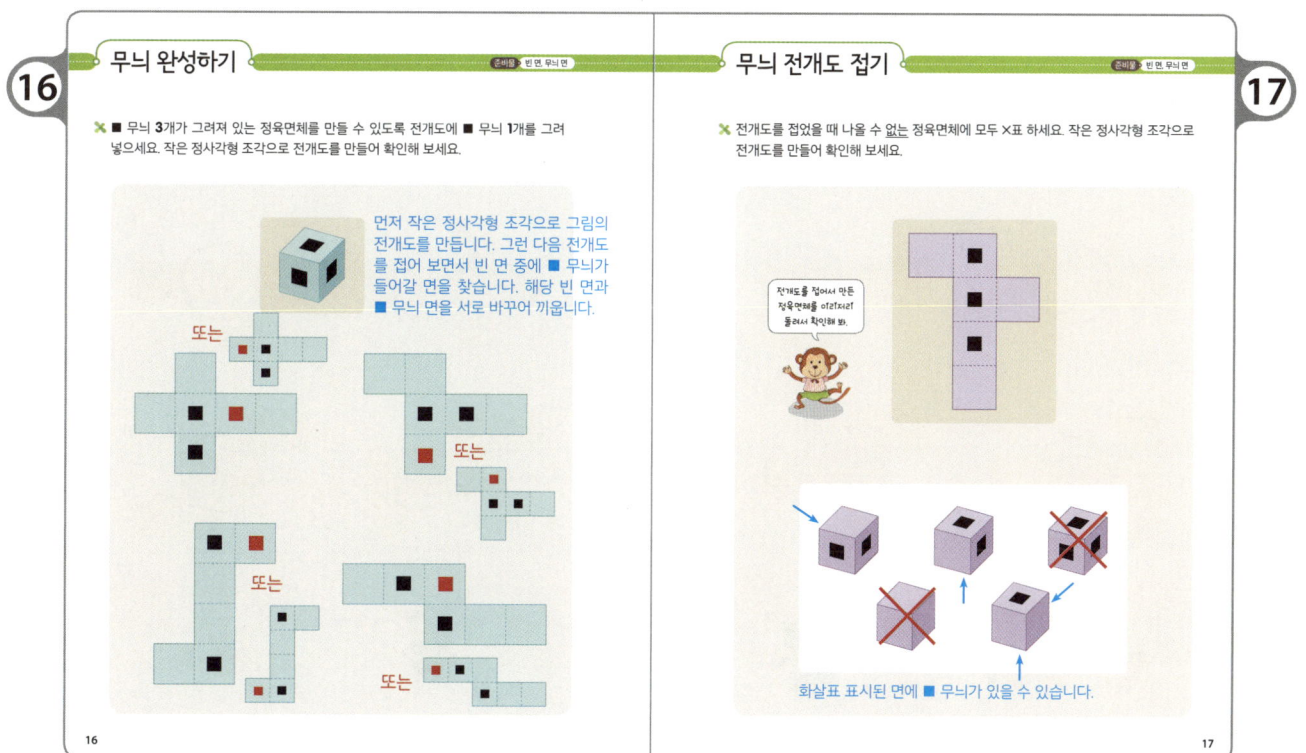

큐보이드 A

18. 정육면체의 전개도

준비물 ▶ 빈 면, 무늬 면

✘ 작은 정사각형 조각으로 다음과 같은 정육면체를 만들어 보세요. 정육면체를 면이 모두 연결되도록 펼치고 펼친 모양을 그려 보세요. (주어진 전개도와 다른 모양으로 펼쳐 봅니다.)

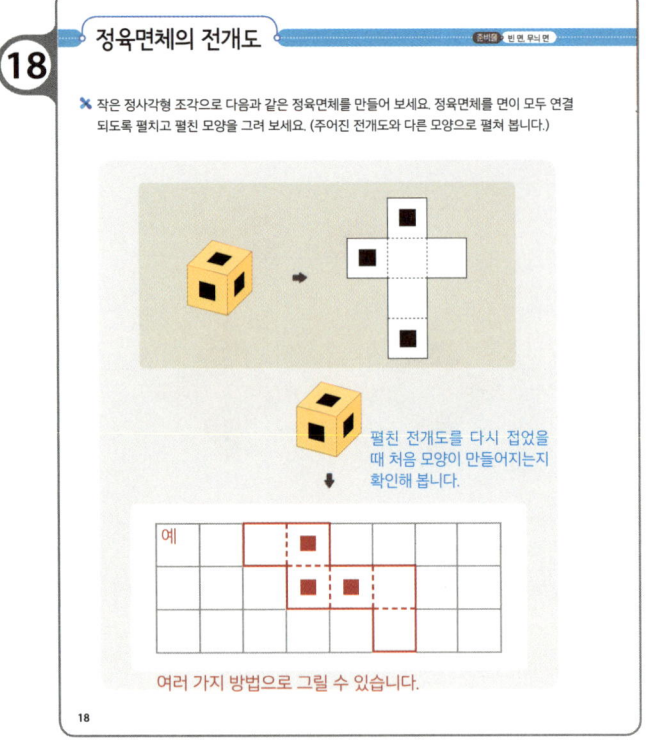

펼친 전개도를 다시 접었을 때 처음 모양이 만들어지는지 확인해 봅니다.

여러 가지 방법으로 그릴 수 있습니다.

20. 겹치는 선분

준비물 ▶ 빈 면, 모서리 면

✘ 작은 정사각형 조각으로 다음 모양을 각각 만들어 보세요. 모양을 접었을 때 두 선(│)이 한 모서리에서 만나는 것에 모두 ○표 하세요.

21. 만나는 점

준비물 ▶ 빈 면, 꼭짓점 면

✘ 작은 정사각형 조각으로 다음 모양을 각각 만들어 보세요. 펼친 모양을 접었을 때 세 점(▼)이 한 꼭짓점에서 만나는 것에 모두 ○표 하세요.

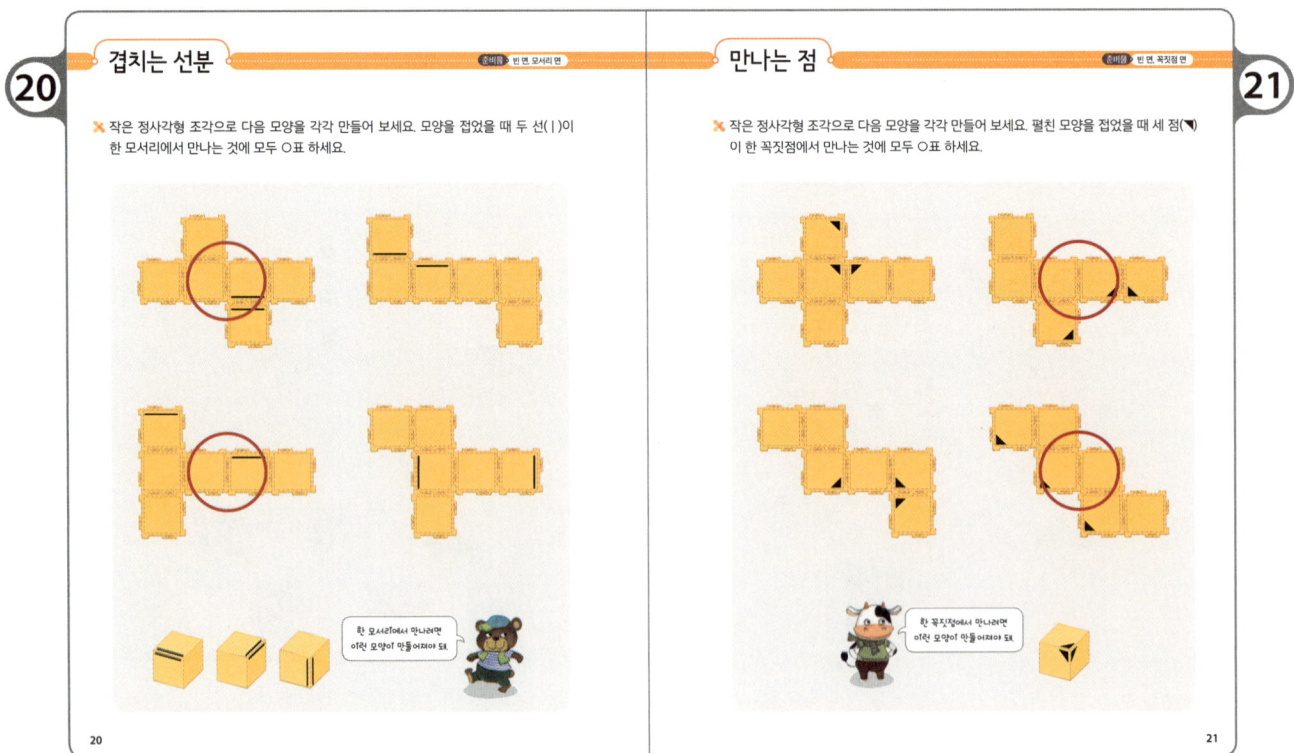

한 모서리에서 만나려면 이런 모양이 만들어져야 돼.

한 꼭짓점에서 만나려면 이런 모양이 만들어져야 돼.

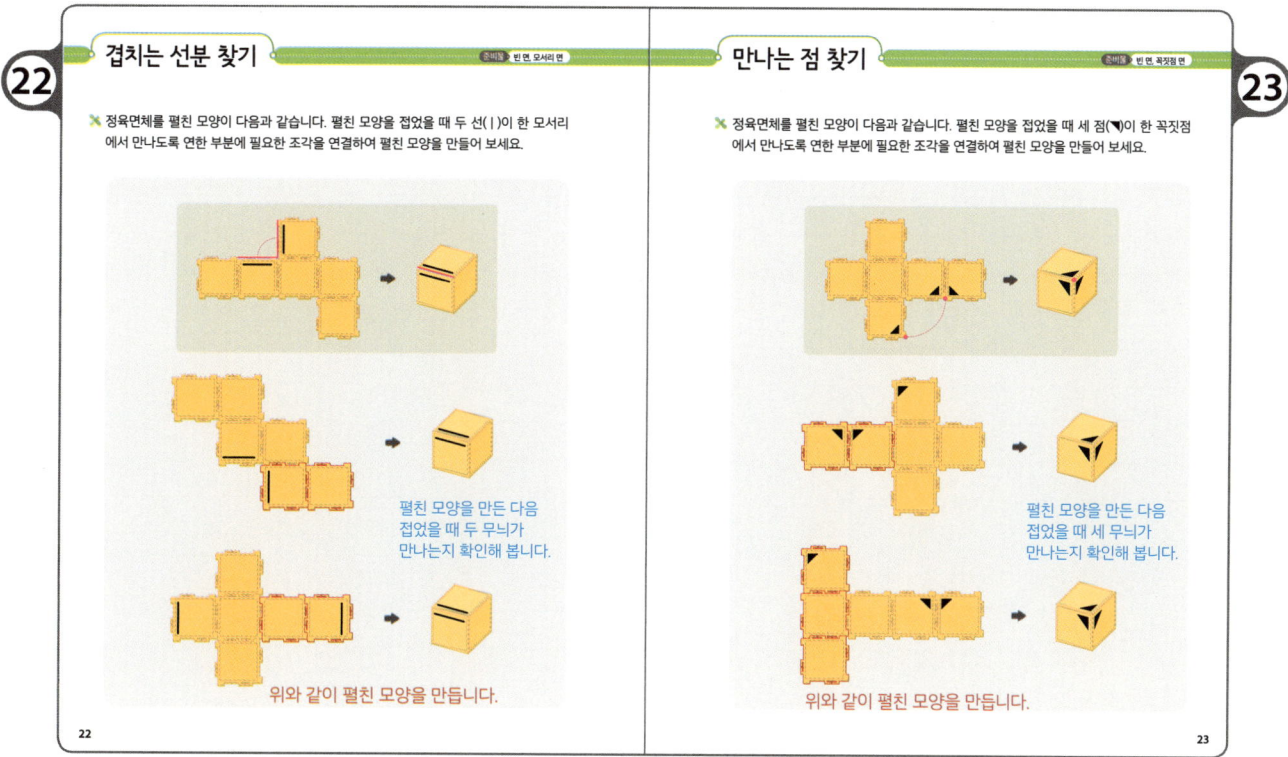

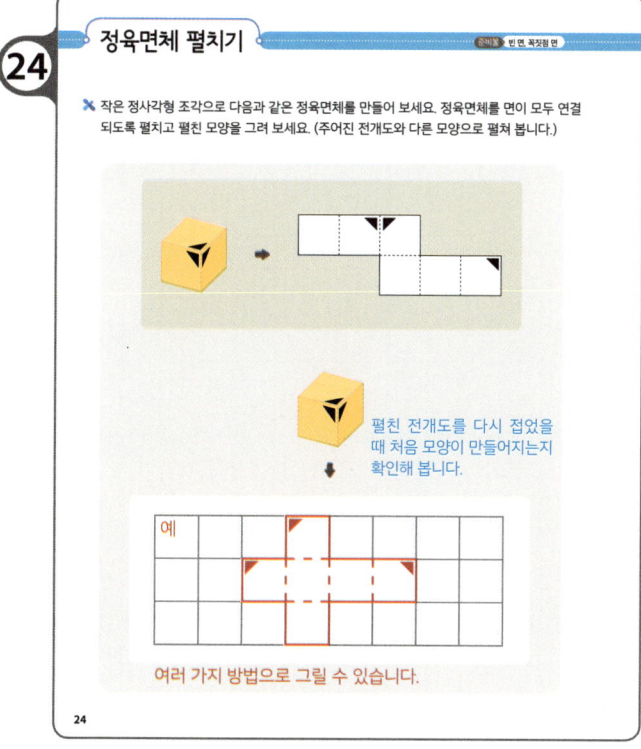

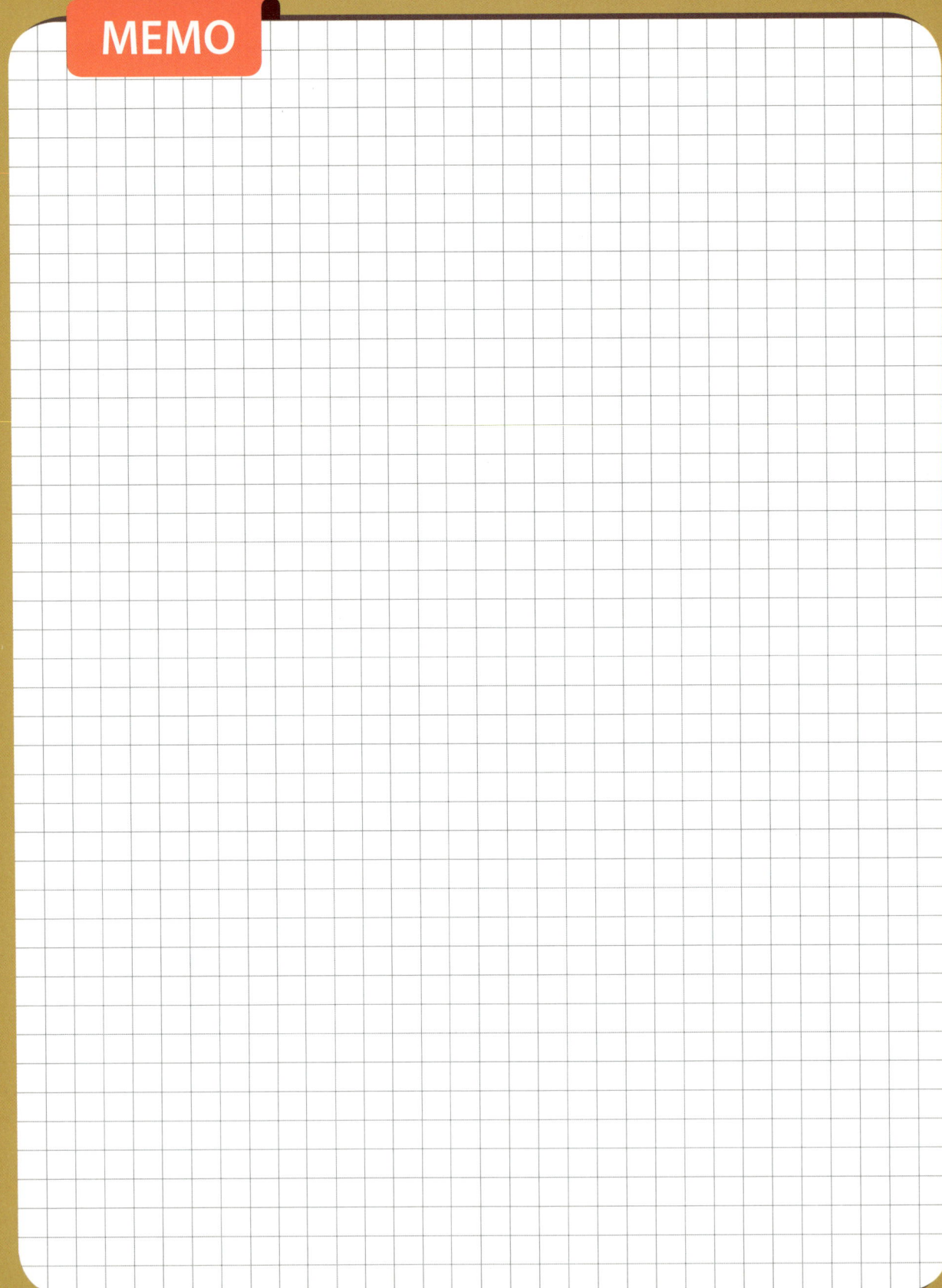

 **초등 수학 교구 상자**

펜토미노턴
평면 공간감각을 길러주는 회전 펜토미노 퍼즐

초등학생들이 어려워하는 '평면도형의 이동'을 펜토미노와 패턴 블록으로 도형을 직접 돌려보며 재미있게 해결하는 공간감각 퍼즐입니다.

큐브빌드
입체 공간감각을 길러주는 멀티큐브 퍼즐

 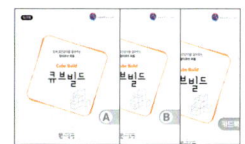

머릿속으로 그리기 어려운 입체도형을 쌓기나무와 멀티큐브를 이용하여 직접 만들어 위, 앞, 옆 모양을 관찰하고, 다양한 입체 모양을 만드는 공간감각 퍼즐입니다.

폴리탄
도형감각을 길러주는 입체 칠교 퍼즐

 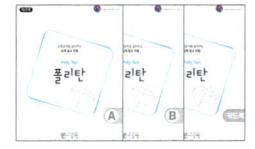

정사각형을 7조각으로 자른 '입체 칠교'와 직각이등변삼각형을 붙인 '입체 볼로'를 활용하여 평면뿐만 아니라 다양한 입체도형 문제를 해결하는 퍼즐입니다.

트랜스넘버
자유자재로 식을 만드는 멀티 숫자 퍼즐

 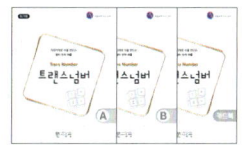

자유자재로 식을 만들고 이를 변형, 응용하는 활동을 통해 연산 원리와 연산감각을 길러주는 멀티 숫자 퍼즐입니다.

머긴스빙고
수 감각을 길러주는 창의 연산 보드 게임

 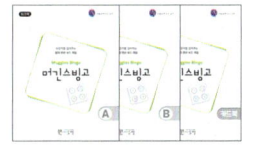

빙고 게임과 머긴스 게임을 활용하여 수 감각과 연산 능력을 끌어올리고 전략적 사고를 키우는 사고력 보드 게임입니다.

폴리스퀘어
공간감각을 길러주는 입체 폴리오미노 보드 게임

 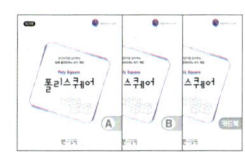

모노미노부터 펜토미노까지의 폴리오미노를 이용하여 다양한 모양을 만들어 보고, 공간을 차지하는 게임으로 공간감각을 키우는 공간점령 보드 게임입니다.

큐보이드
입체를 펼치고 접는 공간 전개도 퍼즐

 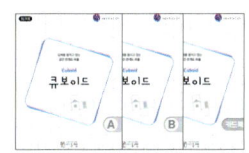

여러 가지 모양의 면을 자유롭게 연결하여 접었다 펼치는 활동을 통해 직육면체 전개도의 모든 것을 알아보는 공간 전개도 퍼즐입니다.

I hear and I forget 듣기만 한 것은 잊어버리고

I see and I remember 본 것은 기억되지만

I do and I understand 직접 해 본 것은 이해가 된다

Cuboid
큐보이드

펴낸곳: ㈜씨투엠에듀   **발행인:** 한헌조

이 책의 전부 또는 일부에 대한 무단전재와 무단복제를 금합니다.

모델명: 필즈엠_큐보이드
제조년월: 2024년 05월
주소 및 전화번호: 경기도 수원시 장안구 파장로 7(태영빌딩 3층) / 031-548-1191
제조국명: 한국

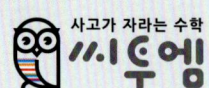

워크북

입체를 펼치고 접는
공간 전개도 퍼즐

Cuboid
큐보이드

B

차 례

1. 전개도 그리기 ········· 1
2. 주사위 전개도 ········· 7
3. 만나는 점 ············· 13
4. 전개도 무늬 ··········· 19

정답 ····················· 25

"꿈꾸는 아이들을 위한 교육 사다리"

논리와 재미, 즐거운 수학 교육을 위한 최고의 콘텐츠를 만들겠습니다

- 법인명: ㈜씨투엠에듀(C2MEDU corp.)
- CEO: 한헌조
- 창립연도: 2014년 10월
- 홈페이지: www.c2medu.co.kr

01 전개도 그리기

연관 활동: 교구 매뉴얼 activity 1

직육면체의 면, 모서리, 꼭짓점

직육면체에서 선분으로 둘러싸인 부분을 면, 면과 면이 만나는 선분을 모서리, 모서리와 모서리가 만나는 점을 꼭짓점이라고 합니다.

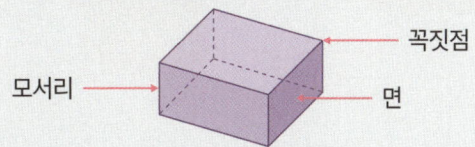

면, 모서리, 꼭짓점의 수를 살펴보면 위의 그림에서 보이는 면이 3개, 보이지 않는 면이 3개로 직육면체의 면은 모두 6개입니다. 또한 보이는 모서리가 9개, 보이지 않는 모서리가 3개로 모서리는 모두 12개, 보이는 꼭짓점이 7개, 보이지 않는 꼭짓점이 1개로 꼭짓점은 모두 8개입니다.

면의 수	모서리의 수	꼭짓점의 수
6	12	8

직육면체의 전개도

준비물 빈 면

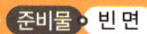

큰 정사각형과 직사각형 조각으로 다음 직육면체를 만든 다음 펼쳤습니다. 올바르게 펼친 모양에 ○표 하세요. 펼친 모양을 각각 만든 다음, 접어서 확인해 보세요.

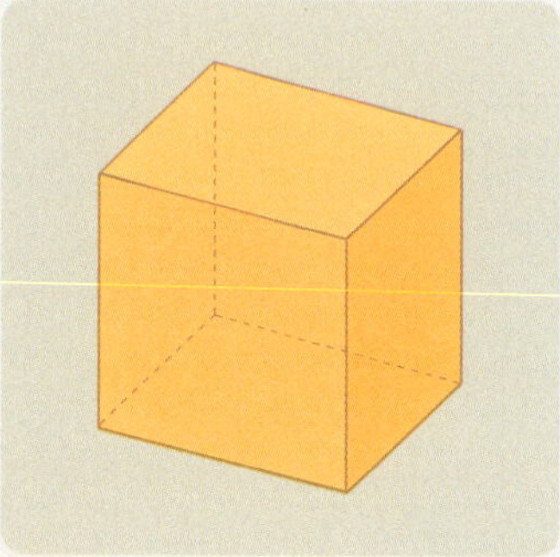

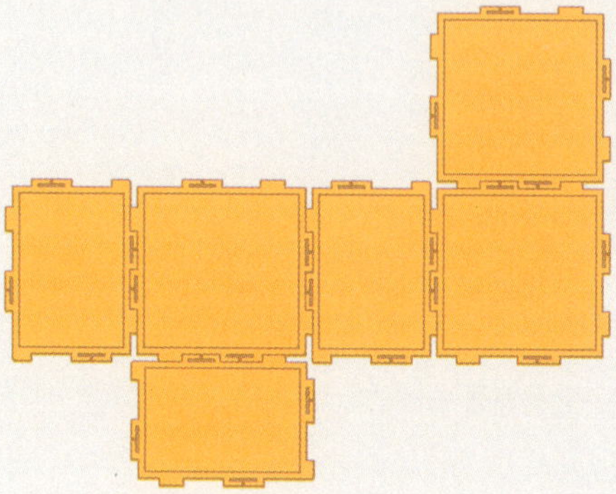

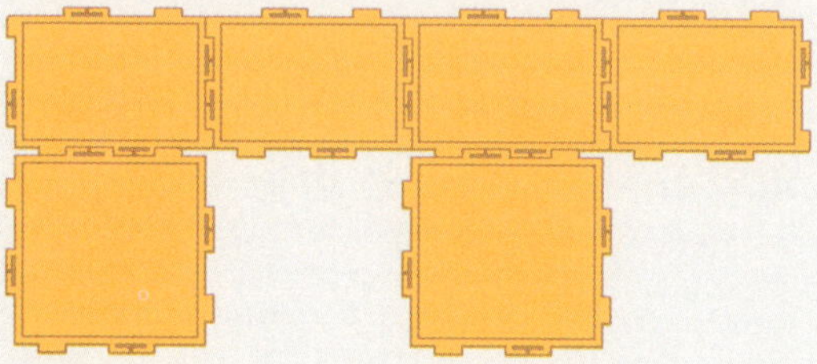

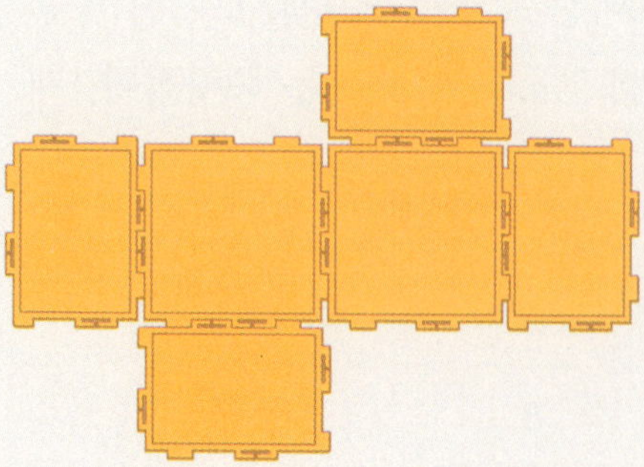

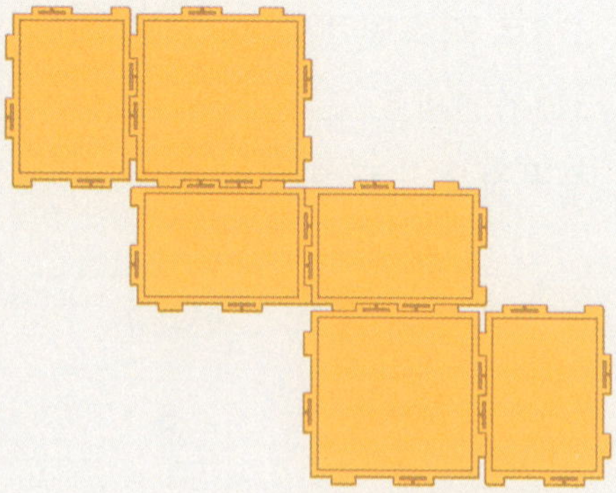

전개도 찾기

✖ 정사각형과 직사각형 조각으로 다음 전개도를 각각 만들어 보세요. 전개도를 접었을 때 직육면체를 만들 수 <u>없는</u> 것에 모두 ✖표 하세요.

한 면 그리기

준비물 · 빈 면

✖ 직육면체를 펼친 전개도의 일부입니다. 각 전개도에서 빠진 한 면을 그려 넣으세요. 전개도를 만들어 확인해 보세요.

점선으로 끝난 부분에 빠진 면을 그려야 돼.

두 면 그리기 1

준비물: 빈 면

✳ 직육면체를 펼친 전개도의 일부입니다. 각 전개도에서 빠진 두 면을 그려 넣으세요. 전개도를 만들어 확인해 보세요.

전개도의 테두리는 실선으로, 안쪽은 점선으로 그려.

두 면 그리기 2

준비물 ▸ 작은 정사각형

✖ 정육면체를 펼친 전개도의 일부입니다. 각 전개도에 빠진 두 면을 그려 넣으세요. 전개도를 만들어 확인해 보세요.

점선으로 끊어진 곳이 한 군데까 빠진 두 면은 서로 연결되어 있어.

02 주사위 전개도

연관 활동: 교구 매뉴얼 activity 2

정육면체의 전개도

직육면체 중에서 정사각형 6개로 둘러싸인 도형을 정육면체라고 합니다. 정육면체의 전개도는 뒤집거나 돌려서 겹쳐지는 것을 한 가지로 보았을 때 모두 11가지가 있습니다.

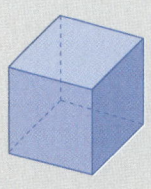

마주 보는 면

✳ 전개도를 접었을 때 서로 마주 보는 면에 같은 모양을 그려 넣으세요. 빈 면으로 그림의 전개도를 만들어 확인해 보세요.

전개도를 만들어 접어보면서 마주 보는 면을 찾아봐.

주사위 만들기

준비물 • 주사위 면

✖ 주사위는 마주 보는 면의 눈의 수의 합이 **7**입니다. 주사위 면으로 다음 전개도를 각각 만들어 접어 보고 올바른 주사위를 만들 수 있는 전개도에 모두 ○표 하세요.

접었을 때 마주 보는 면의 눈의 수의 합이 7이어야 돼.

접었을 때 겹치는 면이 있어도 안 돼.

마주 보는 눈의 합이 7

 준비물 · 주사위 면

✖ 주사위는 마주 보는 면의 눈의 수의 합이 **7**입니다. 주사위를 펼친 모양의 빈 곳에 알맞은 눈을 그려 넣으세요. 주사위 면으로 다음 모양을 만들어 확인해 보세요.

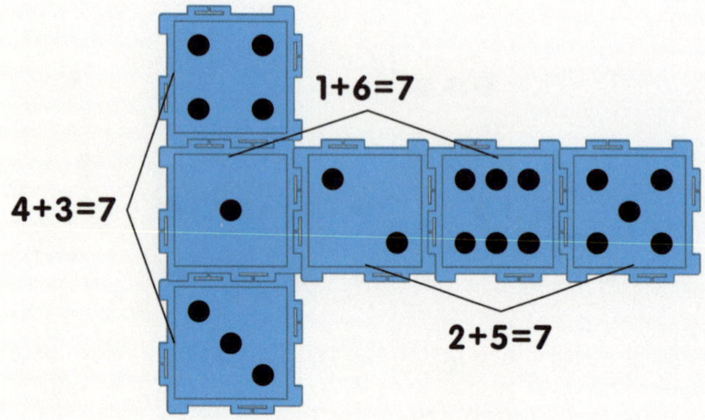

1+6=7
4+3=7
2+5=7

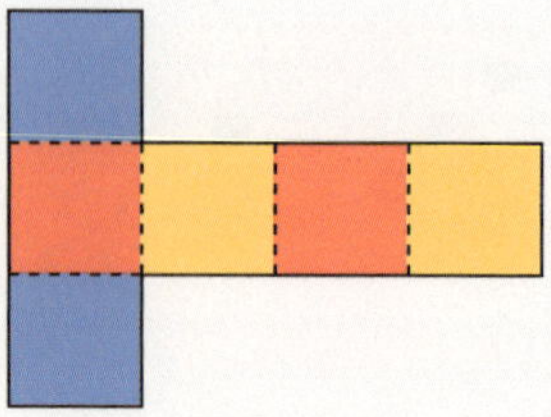

전개도를 접었을 때 서로 만나지 않는 두 면이 마주 보는 면이야.

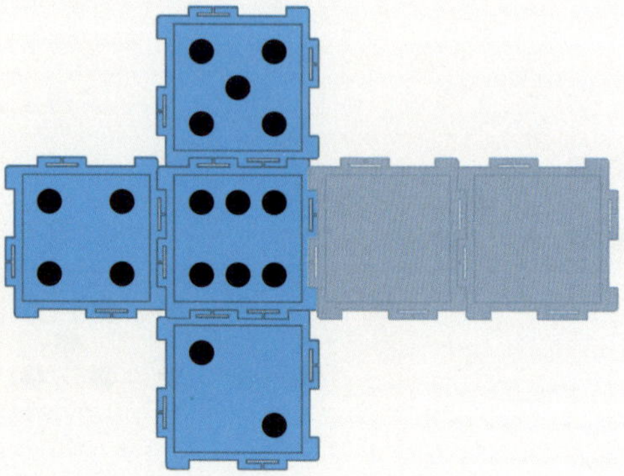

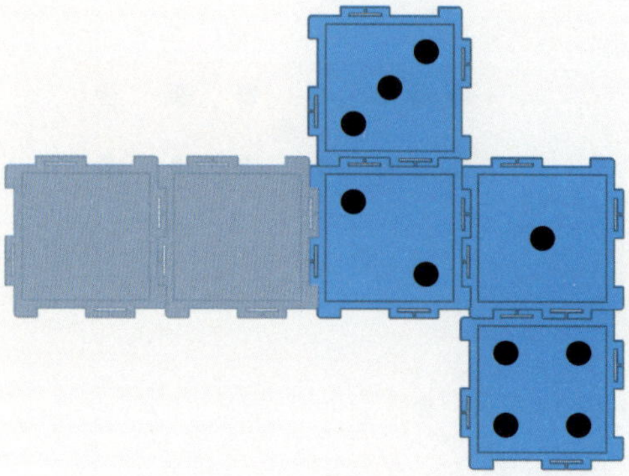

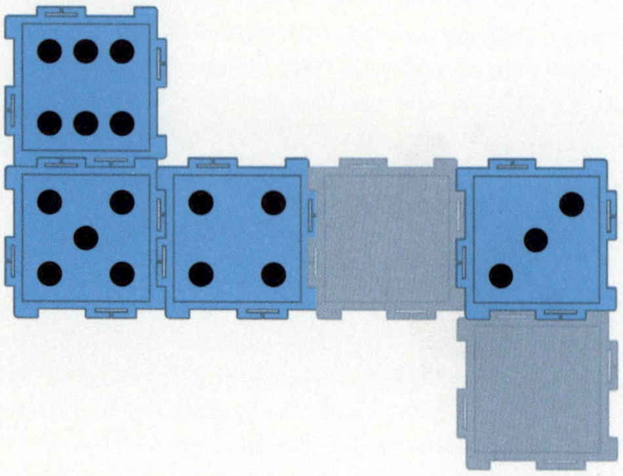

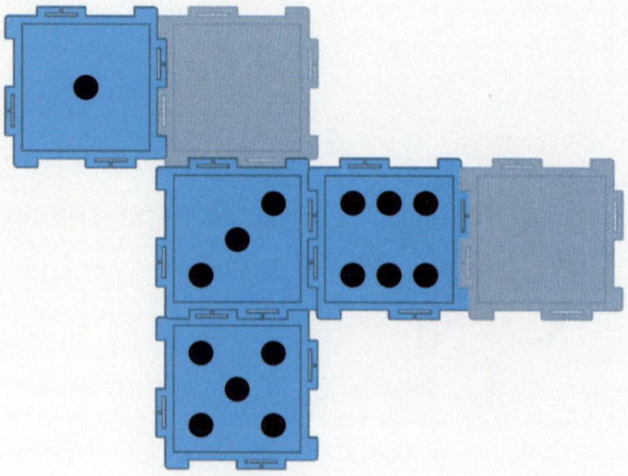

준비물 주사위 면

두 가지 주사위

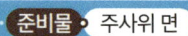

주사위 면으로 다음 전개도를 각각 만들고 전개도를 접었을 때 만들어지는 주사위를 찾아 이어 보세요. (주사위 눈의 방향도 그림과 같이 만들어야 합니다.)

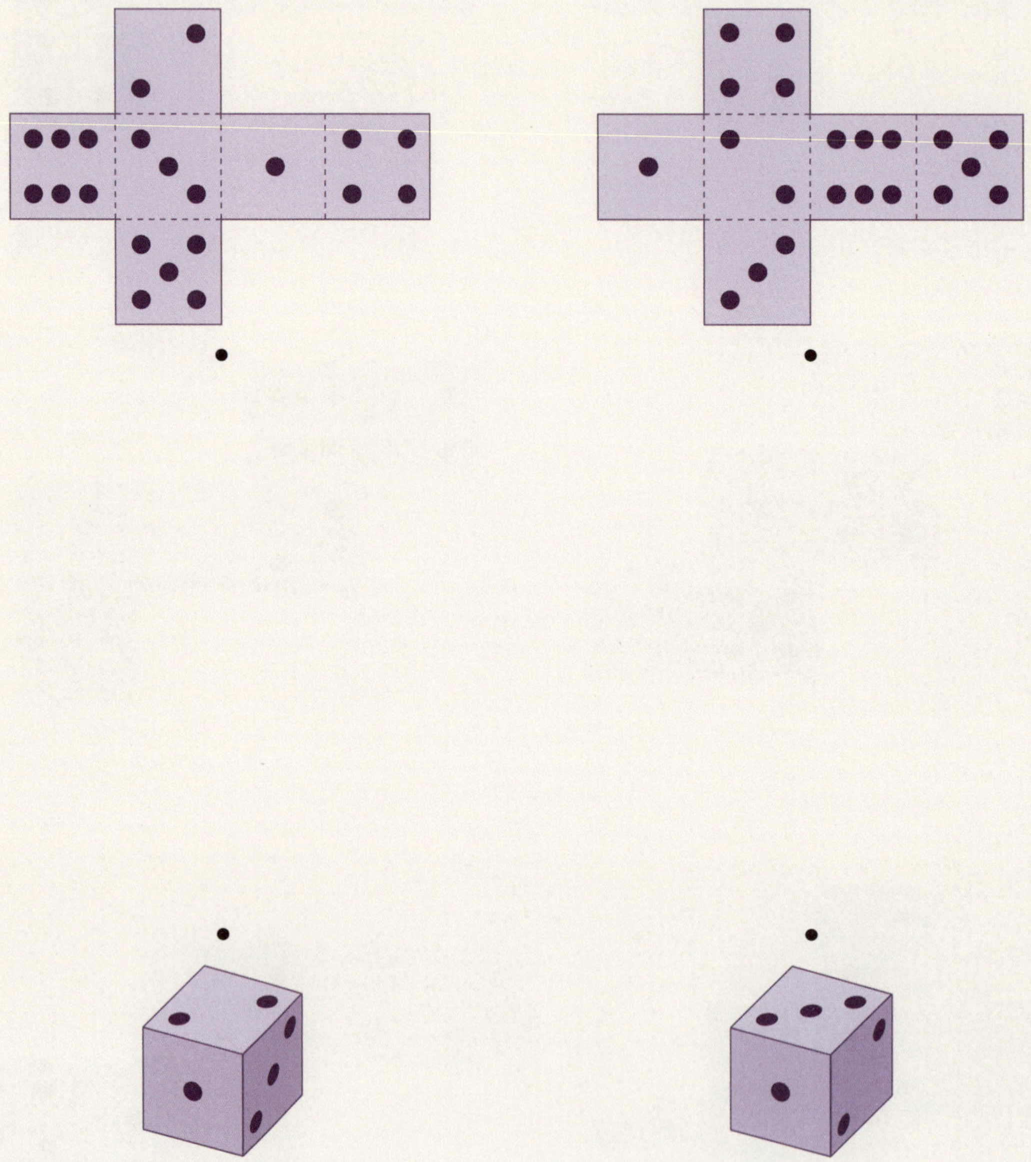

03 만나는 점

연관 활동: 교구 매뉴얼 activity 3

겨냥도

직육면체는 입체도형이므로 한쪽 방향에서 바라보면 보이지 않는 면이 있습니다. 아래 그림에서도 직육면체의 면은 모두 6개인데 보이는 면이 3개, 보이지 않는 면이 3개로 보이지 않는 부분이 존재합니다.

 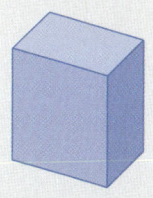

직육면체를 잘 알 수 있고 보이지 않는 곳을 표현하기 위해 보이는 모서리는 실선으로, 보이지 않는 모서리는 점선으로 그려 표현하는데 이와 같은 그림을 직육면체의 겨냥도라고 합니다.

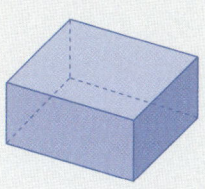 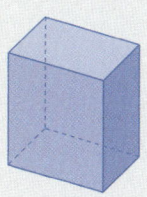

겨냥도

겹치는 선분 찾기

준비물 • 빈 면, 모서리 면

✖ 직육면체를 펼친 모양이 다음과 같습니다. 펼친 모양을 접었을 때 두 선(|)이 한 모서리에서 만나도록 연한 부분에 필요한 조각을 연결하여 펼친 모양을 만들어 보세요.

만나는 점 찾기

준비물 • 빈 면, 꼭짓점 면

✖ 정육면체를 펼친 모양이 다음과 같습니다. 펼친 모양을 접었을 때 세 점(▼)이 한 꼭짓점에서 만나도록 연한 부분에 필요한 조각을 연결하여 펼친 모양을 만들어 보세요.

16

같은 모양 찾기

준비물 · 빈 면, 꼭짓점 면

✖ 다음 조각을 모두 사용하여 주어진 전개도 모양을 만드는 데 전개도를 접었을 때 세 점(◢)이 한 꼭짓점에서 만나도록 전개도를 만들어 보세요.

04 전개도 무늬

연관 활동: 교구 매뉴얼 activity 4

뿔 모양의 전개도

입체도형에는 직육면체와 같은 기둥 모양도 있지만 뾰족한 뿔 모양도 있습니다. 큐보이드로 만들 수 있는 뿔 모양은 다음과 같이 두 가지이고 두 뿔 모양의 전개도는 여러 가지가 있습니다.

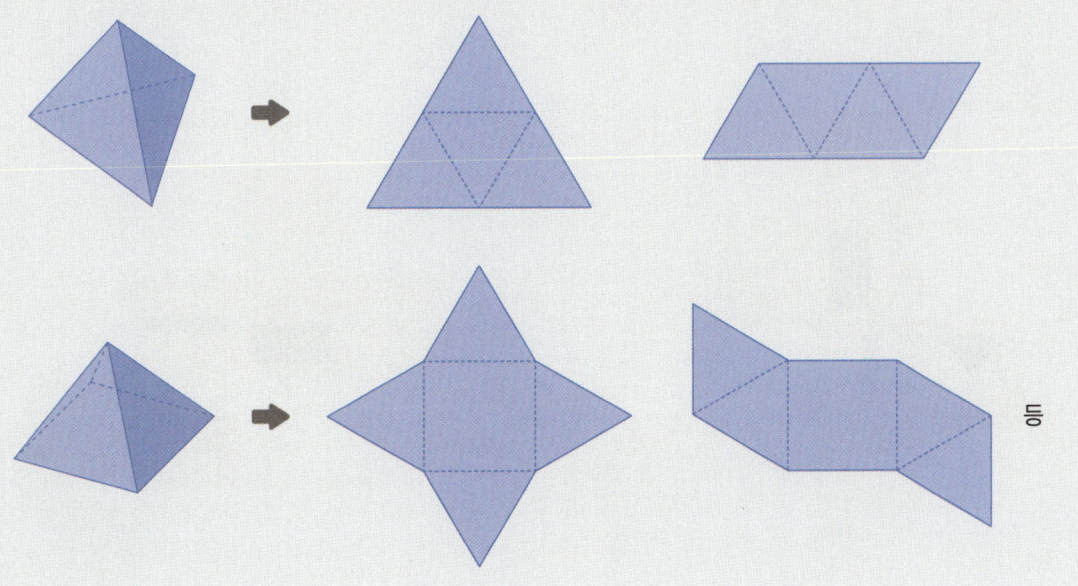

등

무늬 정육면체

✱ 작은 정사각형 조각으로 정육면체를 펼친 모양을 각각 만들어 보세요. 펼친 모양을 접었을 때 주어진 정육면체가 만들어지는 모양에 모두 ○표 하세요.

무늬 직육면체

✖ 직사각형과 큰 정사각형 조각으로 직육면체를 펼친 모양을 각각 만들어 보세요. 펼친 모양을 접었을 때 주어진 직육면체가 만들어지는 모양에 모두 ○표 하세요.

무늬 전개도 만들기

준비물 • 빈 면, 무늬 면

✘ 왼쪽과 같은 세 면에 무늬가 그려진 직육면체를 만들 수 있도록 연한 부분에 필요한 조각을 연결하여 직육면체를 펼친 모양을 만들어 보세요.

화살표의 방향에 주의해야 돼.

무늬 전개도 접기

준비물: 빈 면, 무늬 면

✽ 다음 무늬가 그려진 전개도를 접었을 때 나올 수 있는 직육면체에 ○표 하세요.
작은 정사각형과 직사각형 조각으로 전개도를 만들어 확인해 보세요.

삼각뿔 전개도

준비물 • 빈 면, 무늬 면

✿ 다음 무늬가 그려진 전개도를 접었을 때 나올 수 <u>없는</u> 뿔 모양에 ×표 하세요. 정삼각형 조각으로 전개도를 만들어 확인해 보세요.

정답

큐보이드 B

큐보이드 B

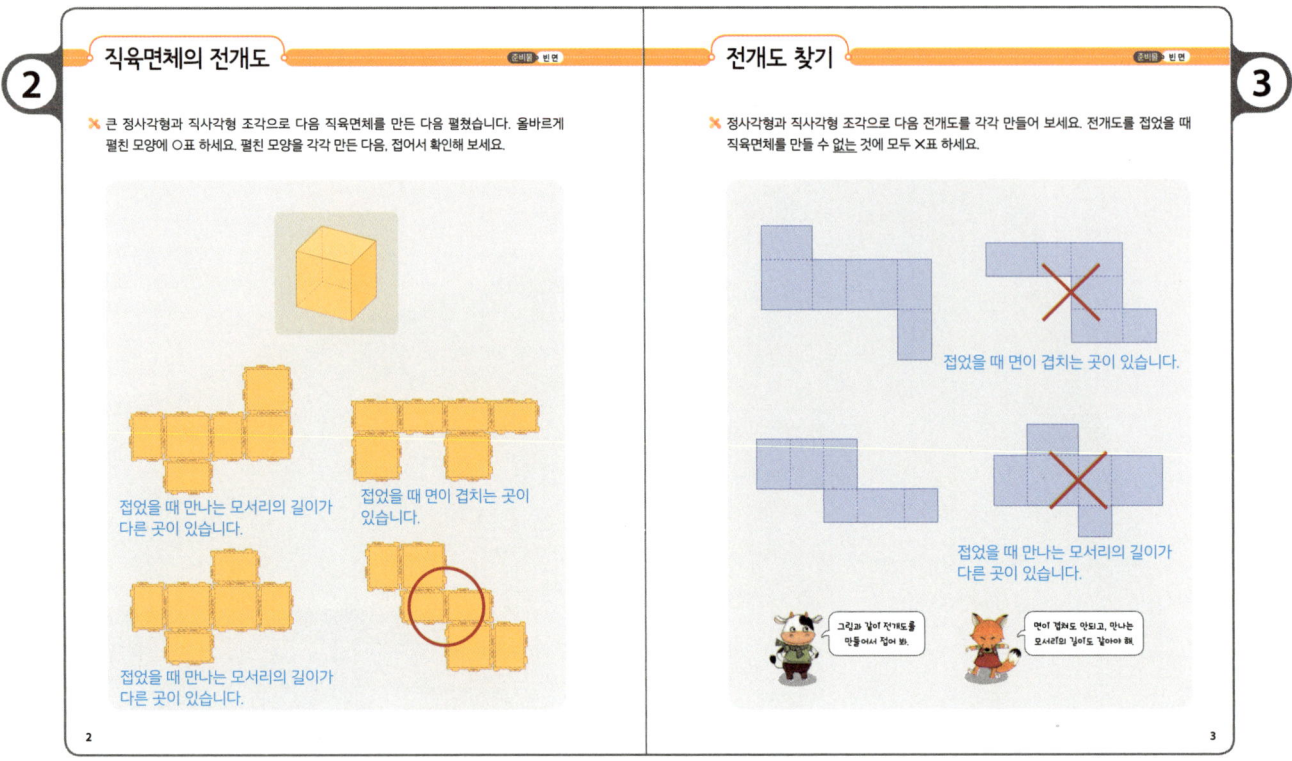

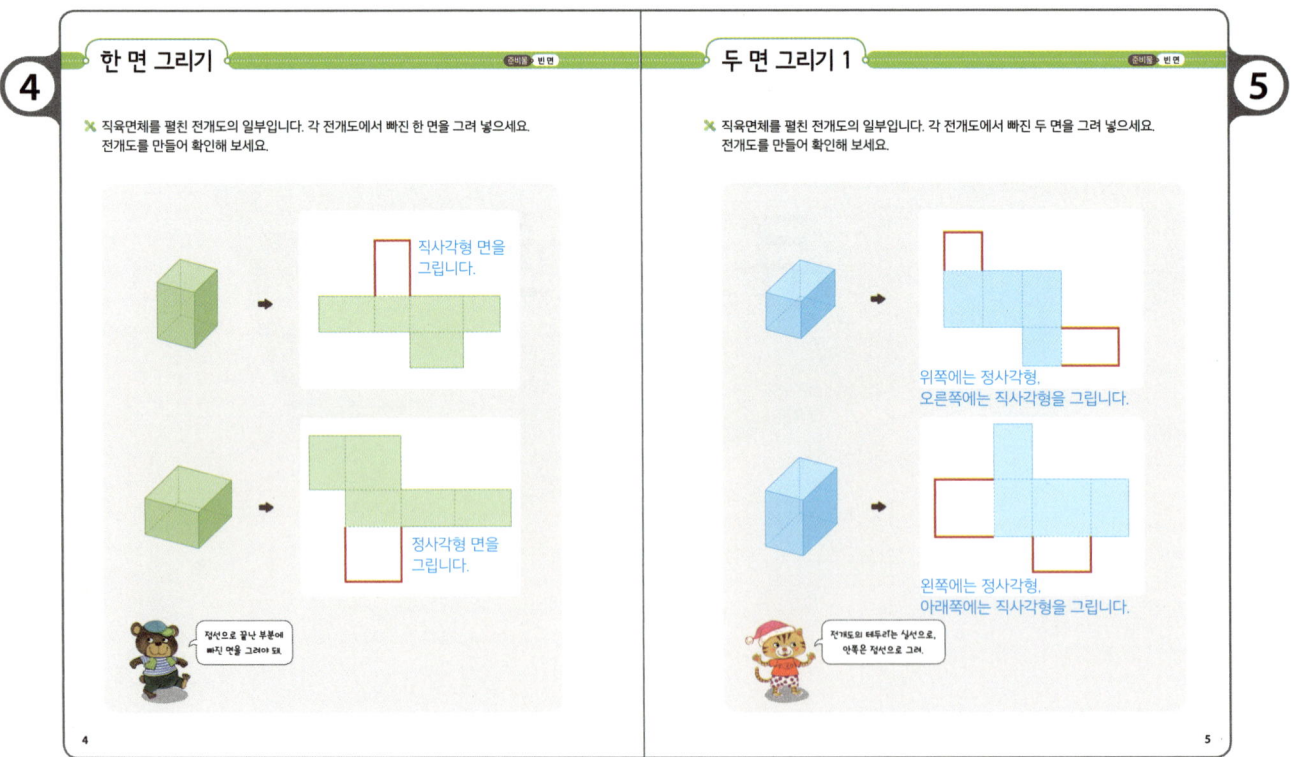

정답

6. 두 면 그리기 2

정육면체를 펼친 전개도의 일부입니다. 각 전개도에 빠진 두 면을 그려 넣으세요. 전개도를 만들어 확인해 보세요.

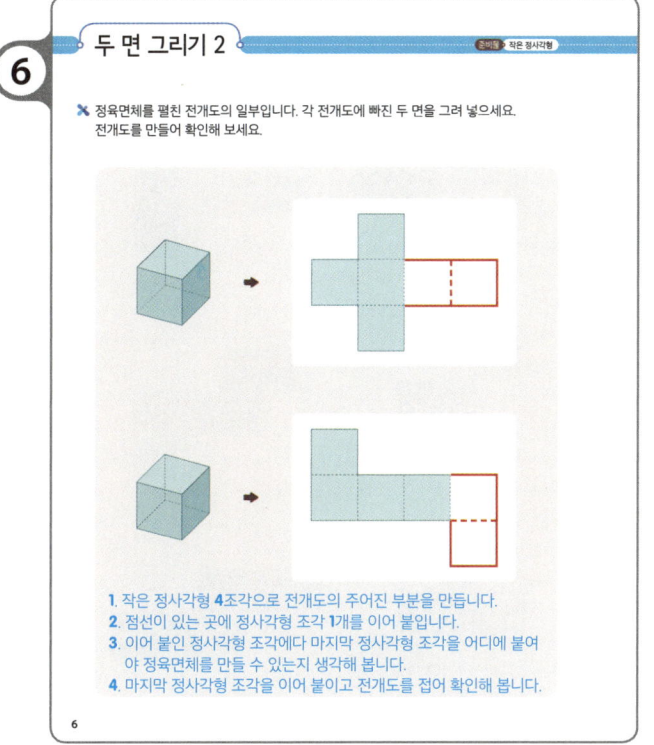

1. 작은 정사각형 4조각으로 전개도의 주어진 부분을 만듭니다.
2. 점선이 있는 곳에 정사각형 조각 1개를 이어 붙입니다.
3. 이어 붙인 정사각형 조각에다 마지막 정사각형 조각을 어디에 붙여야 정육면체를 만들 수 있는지 생각해 봅니다.
4. 마지막 정사각형 조각을 이어 붙이고 전개도를 접어 확인해 봅니다.

8. 마주 보는 면

전개도를 접었을 때 서로 마주 보는 면에 같은 모양을 그려 넣으세요. 빈 면으로 그림의 전개도를 만들어 확인해 보세요.

9. 주사위 만들기

주사위는 마주 보는 면의 눈의 수의 합이 7입니다. 주사위 면으로 다음 전개도를 각각 만들어 접어 보고 올바른 주사위를 만들 수 있는 전개도에 모두 ○표 하세요.

마주 보는 면의 눈의 수의 합이 7이 아닙니다.

접었을 때 면이 겹치는 곳이 있습니다.

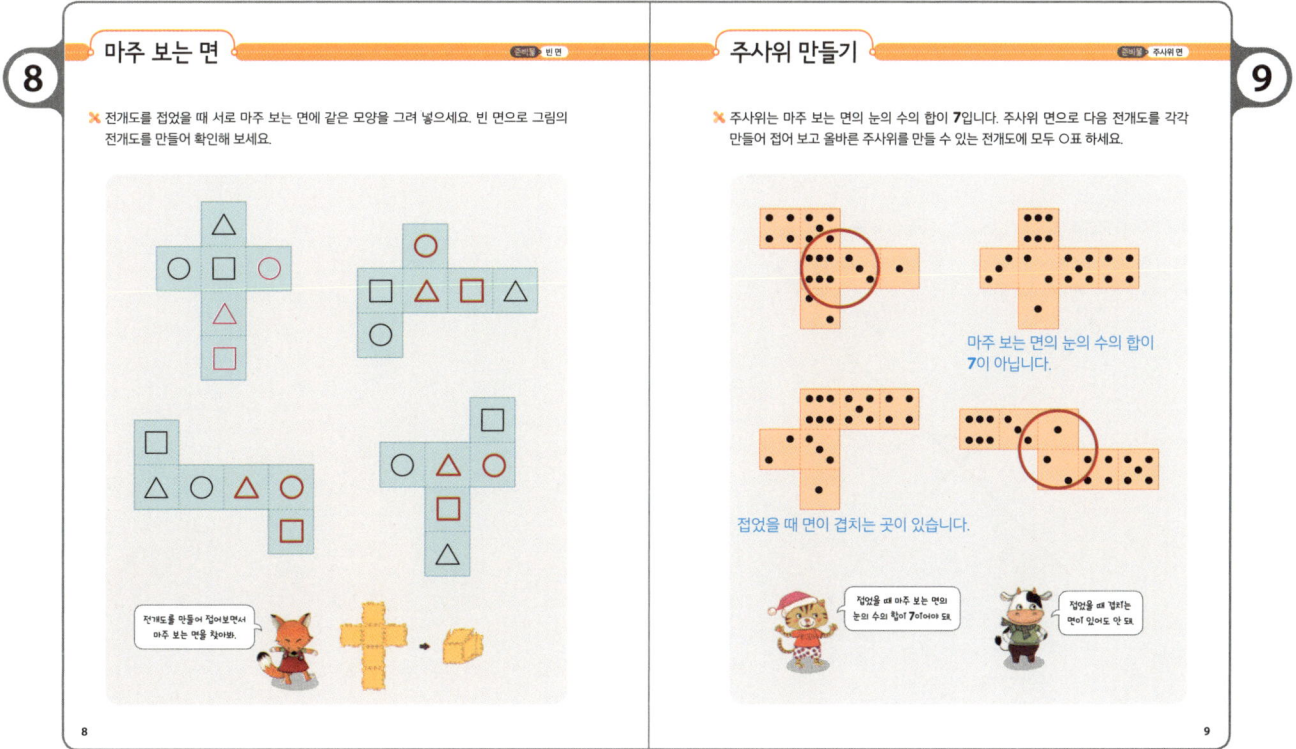

큐보이드 B

10. 마주 보는 눈의 합이 7

주사위는 마주 보는 면의 눈의 수의 합이 **7**입니다. 주사위를 펼친 모양의 빈 곳에 알맞은 눈을 그려 넣으세요. 주사위 면으로 다음 모양을 만들어 확인해 보세요.

11.

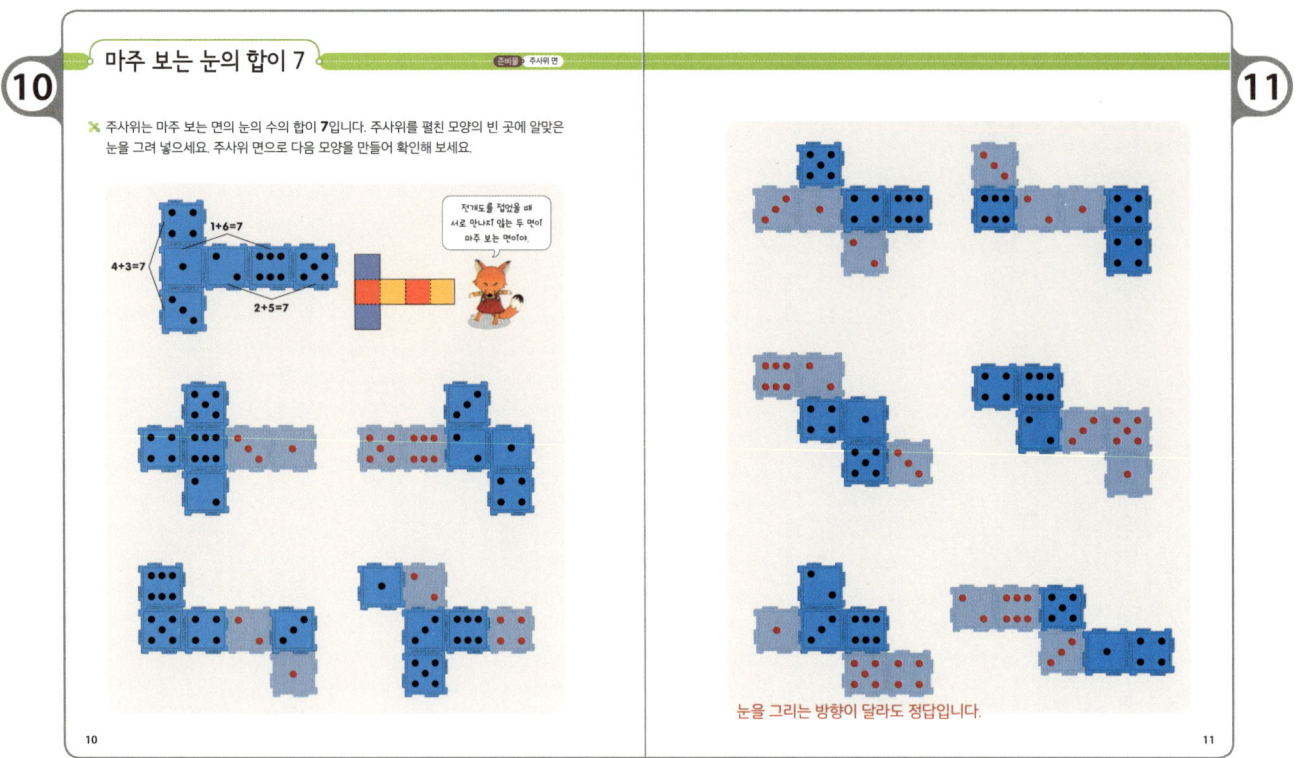

눈을 그리는 방향이 달라도 정답입니다.

12. 두 가지 주사위

주사위 면으로 다음 전개도를 각각 만들고 전개도를 접었을 때 만들어지는 주사위를 찾아 이어 보세요. (주사위 눈의 방향도 그림과 같이 만들어야 합니다.)

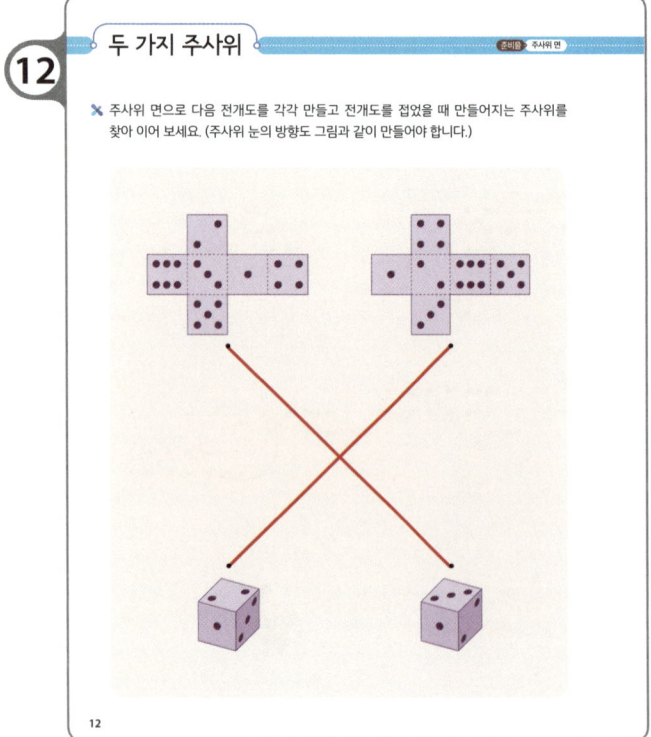

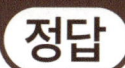

14 겹치는 선분 찾기

직육면체를 펼친 모양이 다음과 같습니다. 펼친 모양을 접었을 때 두 선(|)이 한 모서리에서 만나도록 연한 부분에 필요한 조각을 연결하여 펼친 모양을 만들어 보세요.

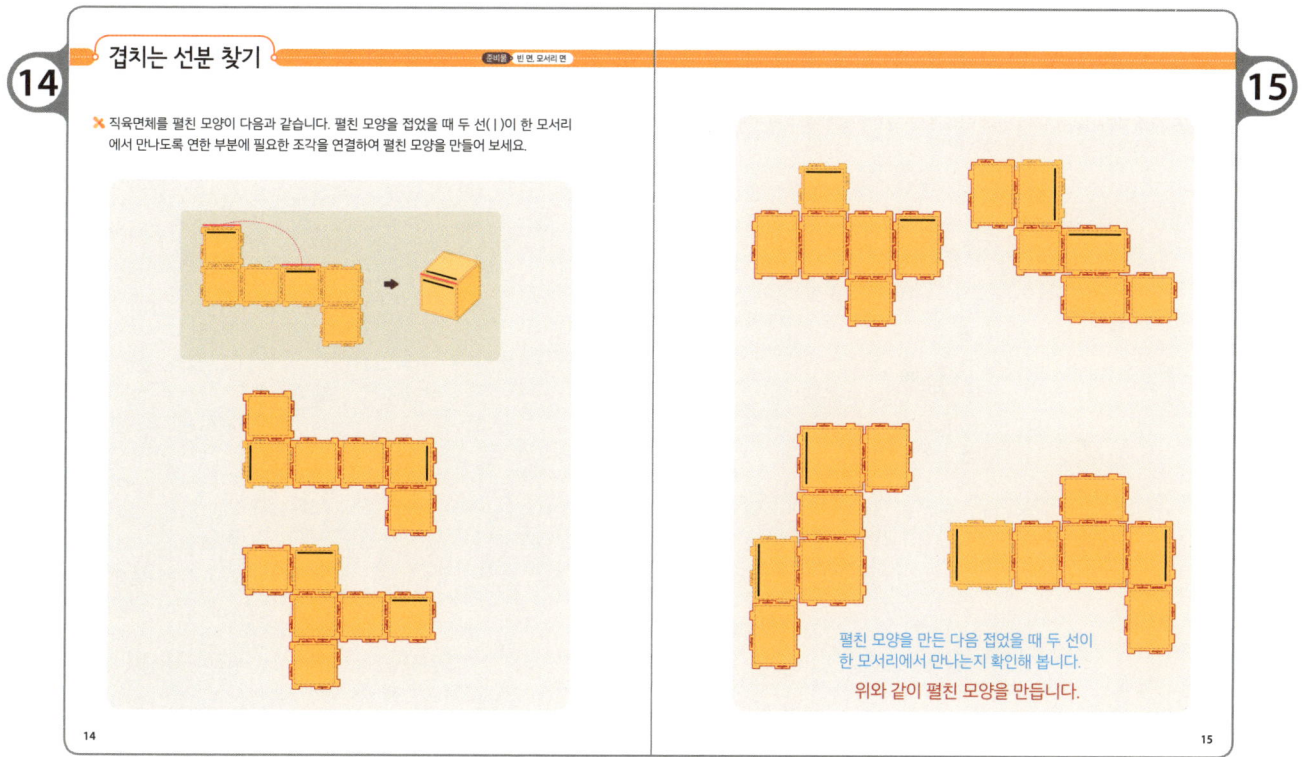

펼친 모양을 만든 다음 접었을 때 두 선이 한 모서리에서 만나는지 확인해 봅니다.
위와 같이 펼친 모양을 만듭니다.

16 만나는 점 찾기

정육면체를 펼친 모양이 다음과 같습니다. 펼친 모양을 접었을 때 세 점(◣)이 한 꼭짓점에서 만나도록 연한 부분에 필요한 조각을 연결하여 펼친 모양을 만들어 보세요.

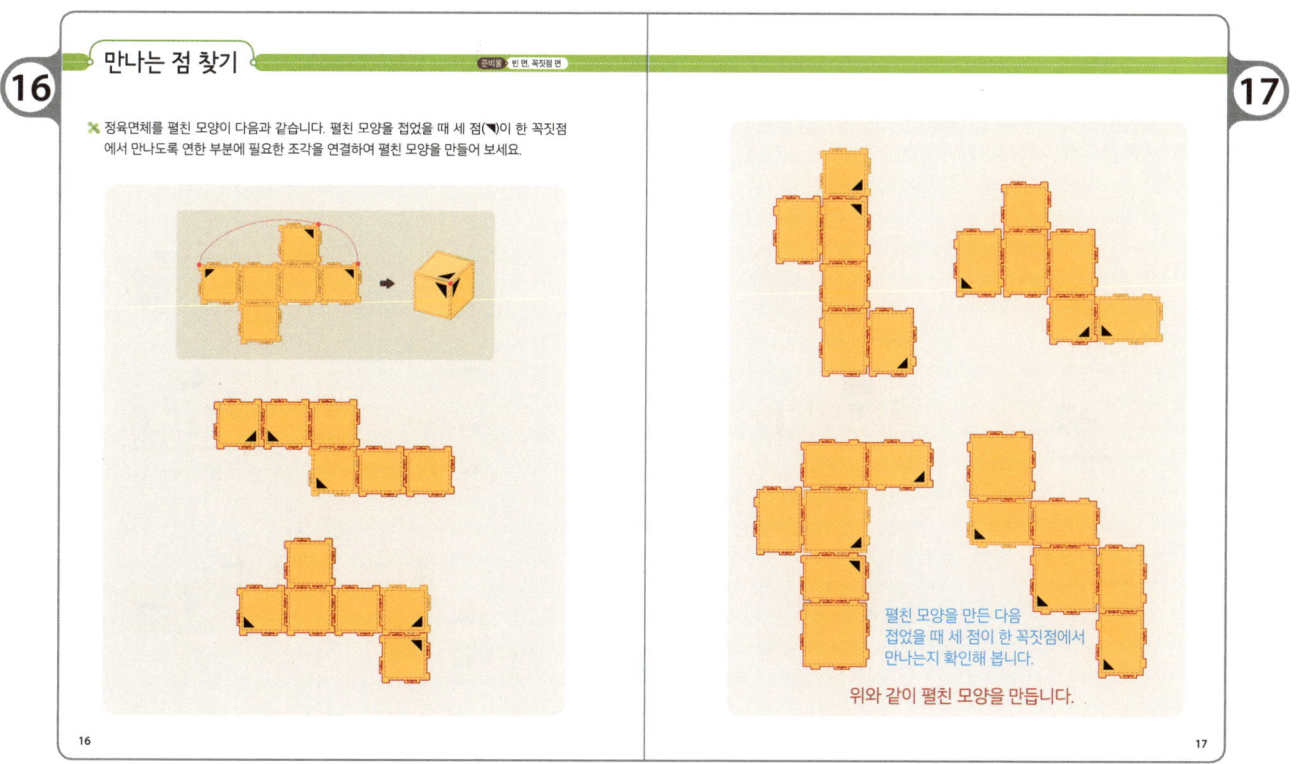

펼친 모양을 만든 다음 접었을 때 세 점이 한 꼭짓점에서 만나는지 확인해 봅니다.
위와 같이 펼친 모양을 만듭니다.

큐보이드 B

18 같은 모양 찾기

다음 조각을 모두 사용하여 주어진 전개도 모양을 만드는 데 전개도를 접었을 때 세 점(◣)이 한 꼭짓점에서 만나도록 전개도를 만들어 보세요.

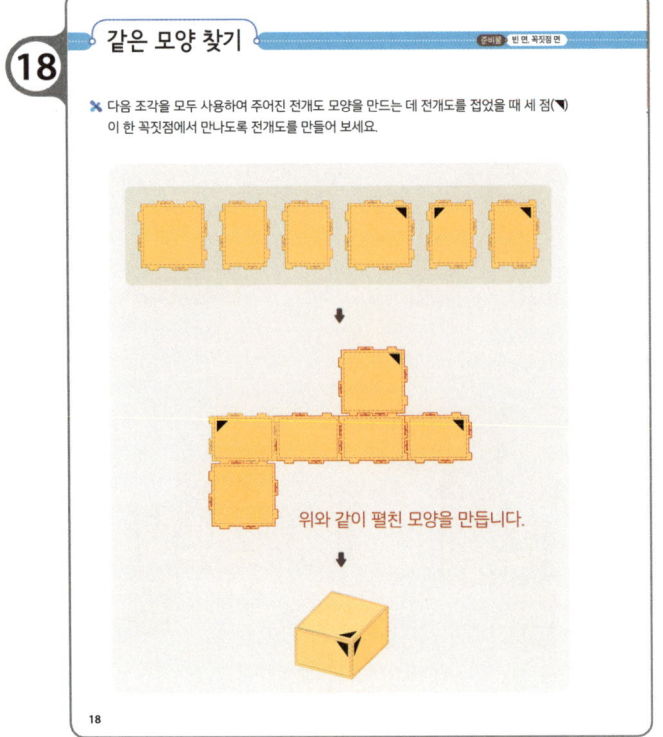

위와 같이 펼친 모양을 만듭니다.

20 무늬 정육면체

작은 정사각형 조각으로 정육면체를 펼친 모양을 각각 만들어 보세요. 펼친 모양을 접었을 때 주어진 정육면체가 만들어지는 모양에 모두 ○표 하세요.

21 무늬 직육면체

직사각형과 큰 정사각형 조각으로 직육면체를 펼친 모양을 각각 만들어 보세요. 펼친 모양을 접었을 때 주어진 직육면체가 만들어지는 모양에 모두 ○표 하세요.

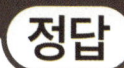

22 무늬 전개도 만들기

왼쪽과 같은 세 면에 무늬가 그려진 직육면체를 만들 수 있도록 연한 부분에 필요한 조각을 연결하여 직육면체를 펼친 모양을 만들어 보세요.

23 무늬 전개도 접기

다음 무늬가 그려진 전개도를 접었을 때 나올 수 있는 직육면체에 ○표 하세요. 작은 정사각형과 직사각형 조각으로 전개도를 만들어 확인해 보세요.

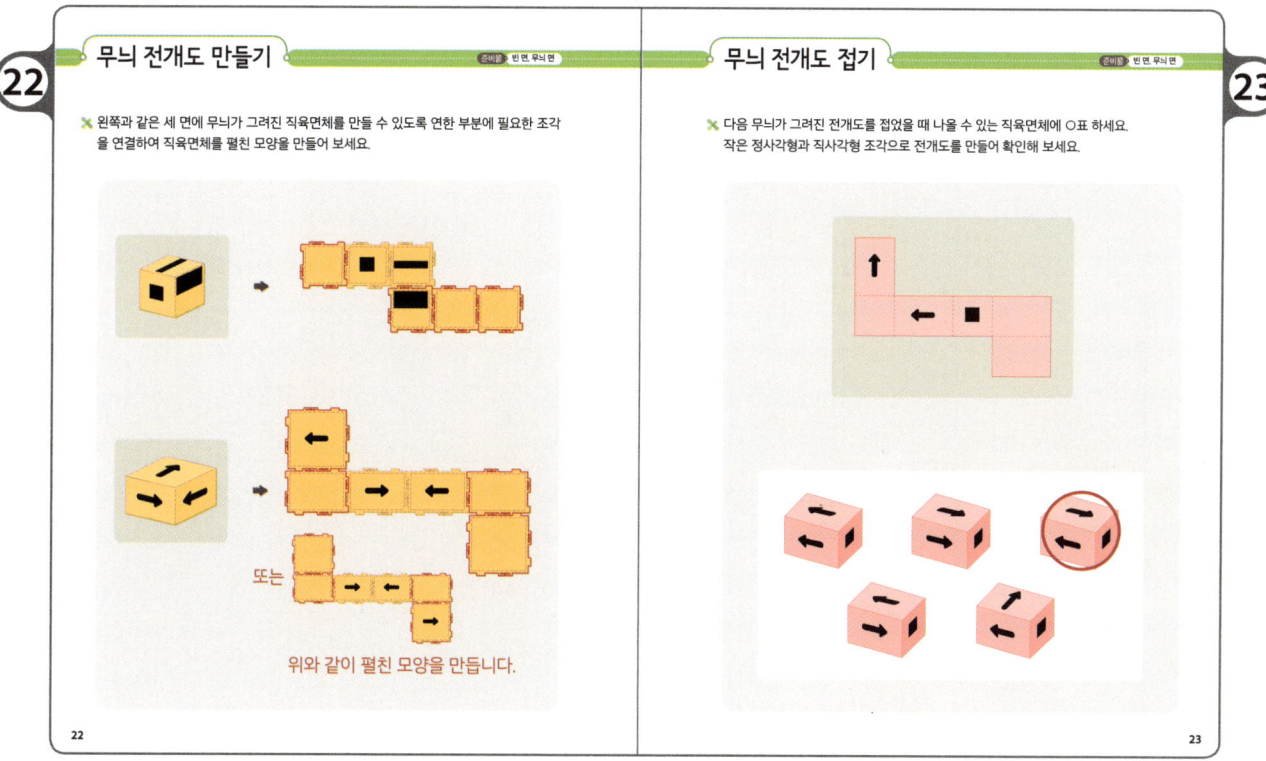

24 삼각뿔 전개도

다음 무늬가 그려진 전개도를 접었을 때 나올 수 없는 뿔 모양에 ×표 하세요. 정삼각형 조각으로 전개도를 만들어 확인해 보세요.

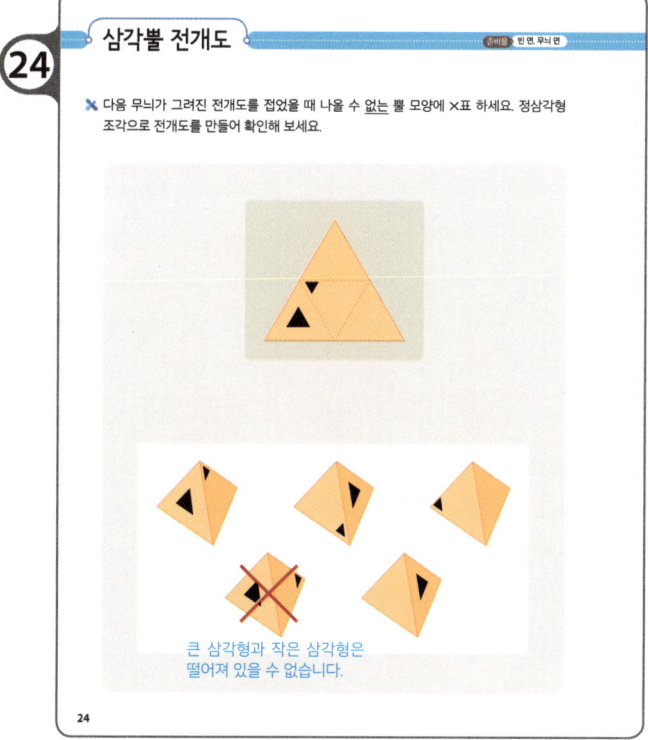

큰 삼각형과 작은 삼각형은 떨어져 있을 수 없습니다.

31

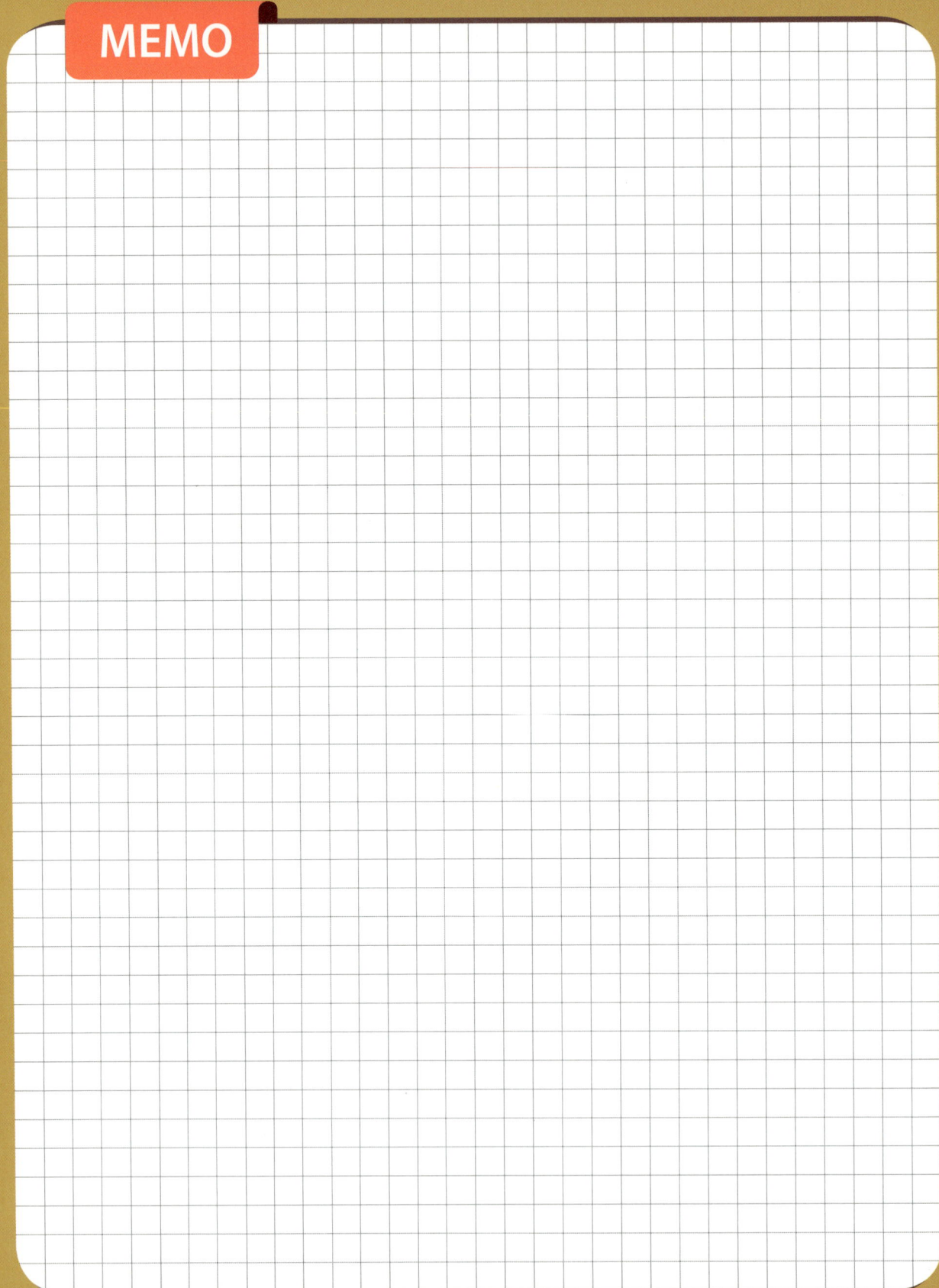

씨투엠 초등 수학 교구 상자

펜토미노턴
평면 공간감각을 길러주는 **회전 펜토미노** 퍼즐

 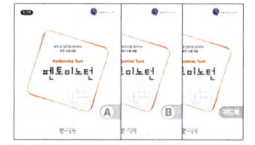

초등학생들이 어려워하는 '평면도형의 이동'을 펜토미노와 패턴 블록으로 도형을 직접 돌려보며 재미있게 해결하는 공간감각 퍼즐입니다.

큐브빌드
입체 공간감각을 길러주는 **멀티큐브** 퍼즐

 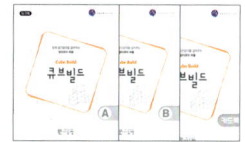

머릿속으로 그리기 어려운 입체도형을 쌓기나무와 멀티큐브를 이용하여 직접 만들어 위, 앞, 옆 모양을 관찰하고, 다양한 입체 모양을 만드는 공간감각 퍼즐입니다.

폴리탄
도형감각을 길러주는 **입체 칠교** 퍼즐

 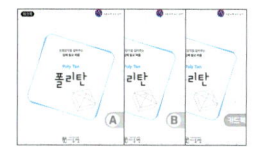

정사각형을 7조각으로 자른 '입체 칠교'와 직각이등변삼각형을 붙인 '입체 볼로'를 활용하여 평면뿐만 아니라 다양한 입체도형 문제를 해결하는 퍼즐입니다.

트랜스넘버
자유자재로 식을 만드는 **멀티 숫자** 퍼즐

 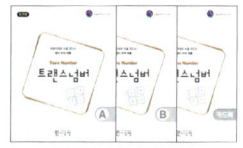

자유자재로 식을 만들고 이를 변형, 응용하는 활동을 통해 연산 원리와 연산감각을 길러주는 멀티 숫자 퍼즐입니다.

머긴스빙고
수 감각을 길러주는 **창의 연산** 보드 게임

 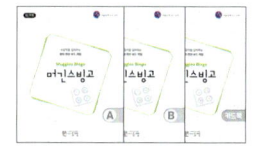

빙고 게임과 머긴스 게임을 활용하여 수 감각과 연산 능력을 끌어올리고 전략적 사고를 키우는 사고력 보드 게임입니다.

폴리스퀘어
공간감각을 길러주는 **입체 폴리오미노** 보드 게임

 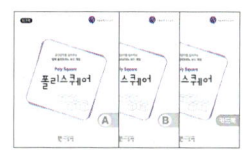

모노미노부터 펜토미노까지의 폴리오미노를 이용하여 다양한 모양을 만들어 보고, 공간을 차지하는 게임으로 공간감각을 키우는 공간점령 보드 게임입니다.

큐보이드
입체를 펼치고 접는 **공간 전개도** 퍼즐

 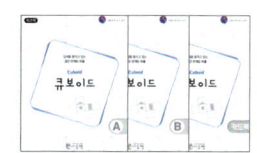

여러 가지 모양의 면을 자유롭게 연결하여 접었다 펼치는 활동을 통해 직육면체 전개도의 모든 것을 알아보는 공간 전개도 퍼즐입니다.

I hear and I forget 듣기만 한 것은 잊어버리고

I see and I remember 본 것은 기억되지만

I do and I understand 직접 해 본 것은 이해가 된다

Cuboid
큐보이드

펴낸곳: ㈜씨투엠에듀   **발행인**: 한헌조

이 책의 전부 또는 일부에 대한 무단전재와 무단복제를 금합니다.

모델명: 필즈엠_큐보이드
제조년월: 2024년 05월
주소 및 전화번호: 경기도 수원시 장안구 파장로 7(태영빌딩 3층) / 031-548-1191
제조국명: 한국

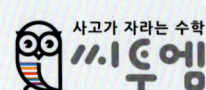

카드북

입체를 펼치고 접는
공간 전개도 퍼즐

Cuboid

큐보이드

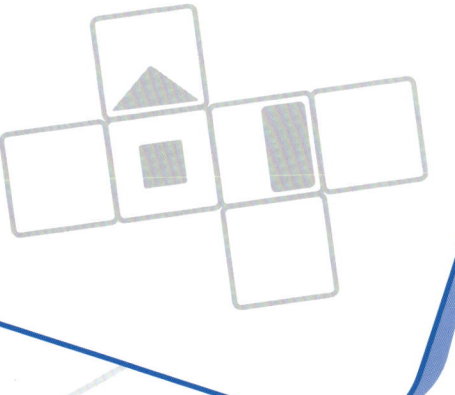

카드북

사고가 자라는 수학

새로운 카드로 더욱 재미있는 활동을 해 보세요.

카드북 구성

전개도 만들기 카드 12장, 주사위 전개도 카드 12장, 만나는 선분과 점 카드 12장, 전개도 무늬 카드 12장

전개도 만들기 카드 활동

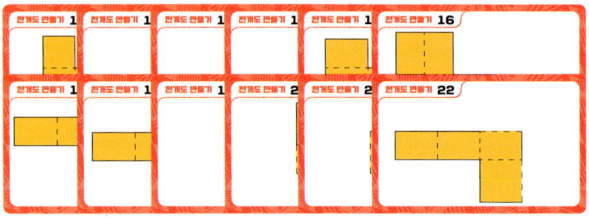

카드에 주어진 전개도의 일부분을 만든 다음, 점선으로 끊어진 곳을 찾아 끊어진 곳에 알맞은 면을 연결하여 직육면체의 전개도를 완성합니다. 완성한 전개도를 살짝 접어 직육면체가 만들어지는지 확인해 보고, 카드를 뒤집어 정답을 확인합니다.

주사위 전개도 카드 활동

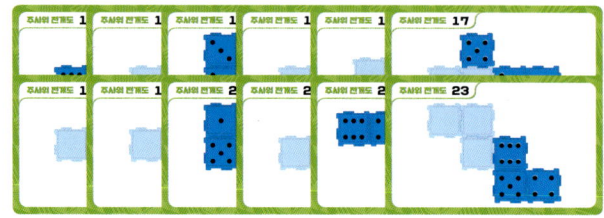

카드에 주어진 전개도의 일부분(진한 부분)을 만든 다음, 마주 보는 면의 눈의 수의 합이 7이 되도록 나머지 부분(연한 부분)에 알맞은 주사위 면을 연결하여 주사위의 전개도를 완성합니다. 완성한 전개도를 살짝 접어 마주 보는 면의 눈의 수의 합이 7인지 확인해 보고, 카드를 뒤집어 정답을 확인합니다.

만나는 선분과 점 카드 활동

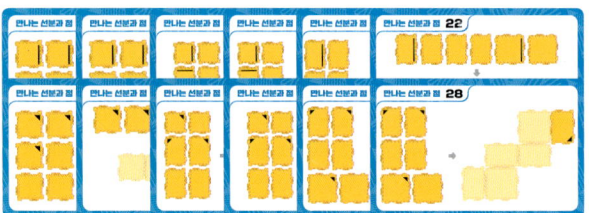

카드 왼쪽에 주어진 면으로 전개도의 일부분(진한 부분)을 만든 다음, 나머지 부분(연한 부분)을 완성하는데 **17~22** 카드는 전개도를 접었을 때 두 선이 한 모서리에서 만나도록 연결하고, **23~28** 카드는 전개도를 접었을 때 세 점(삼각형)이 한 꼭짓점에서 만나도록 면을 연결합니다. 완성한 전개도를 살짝 접어 선 또는 점(삼각형)이 만나는지 확인해 보고, 카드를 뒤집어 정답을 확인합니다.

전개도 무늬 카드 활동

카드에 주어진 전개도의 일부분(진한 부분)을 만든 다음, 나머지 부분(연한 부분)을 완성하는데 **12~21** 카드는 직육면체를 펼쳤을 때의 전개도를 만들고, **22~23** 카드는 삼각뿔을 펼쳤을 때의 전개도를 만듭니다. 완성한 전개도를 살짝 접어 무늬가 올바른지 확인하고, 카드를 뒤집어 정답을 확인합니다.

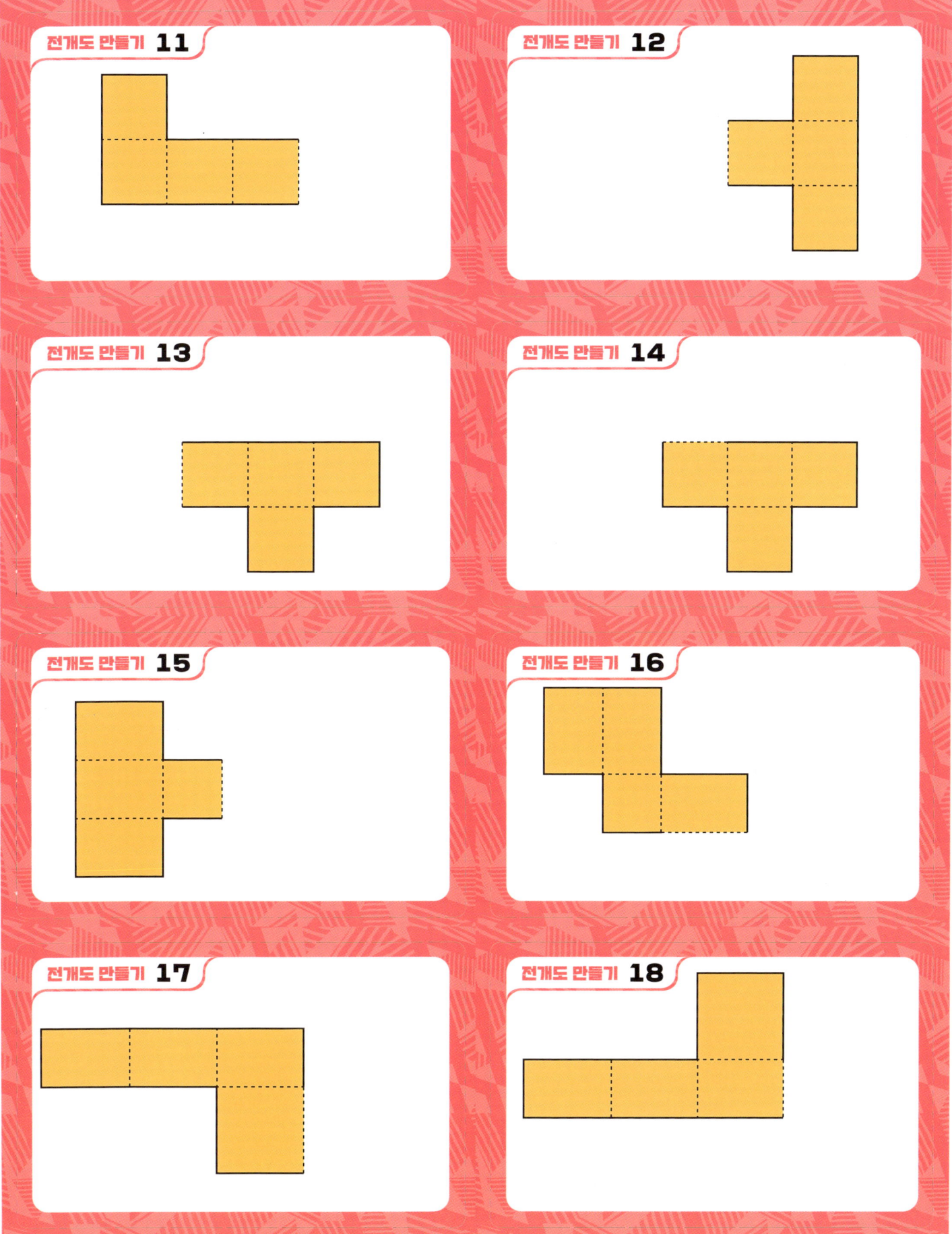

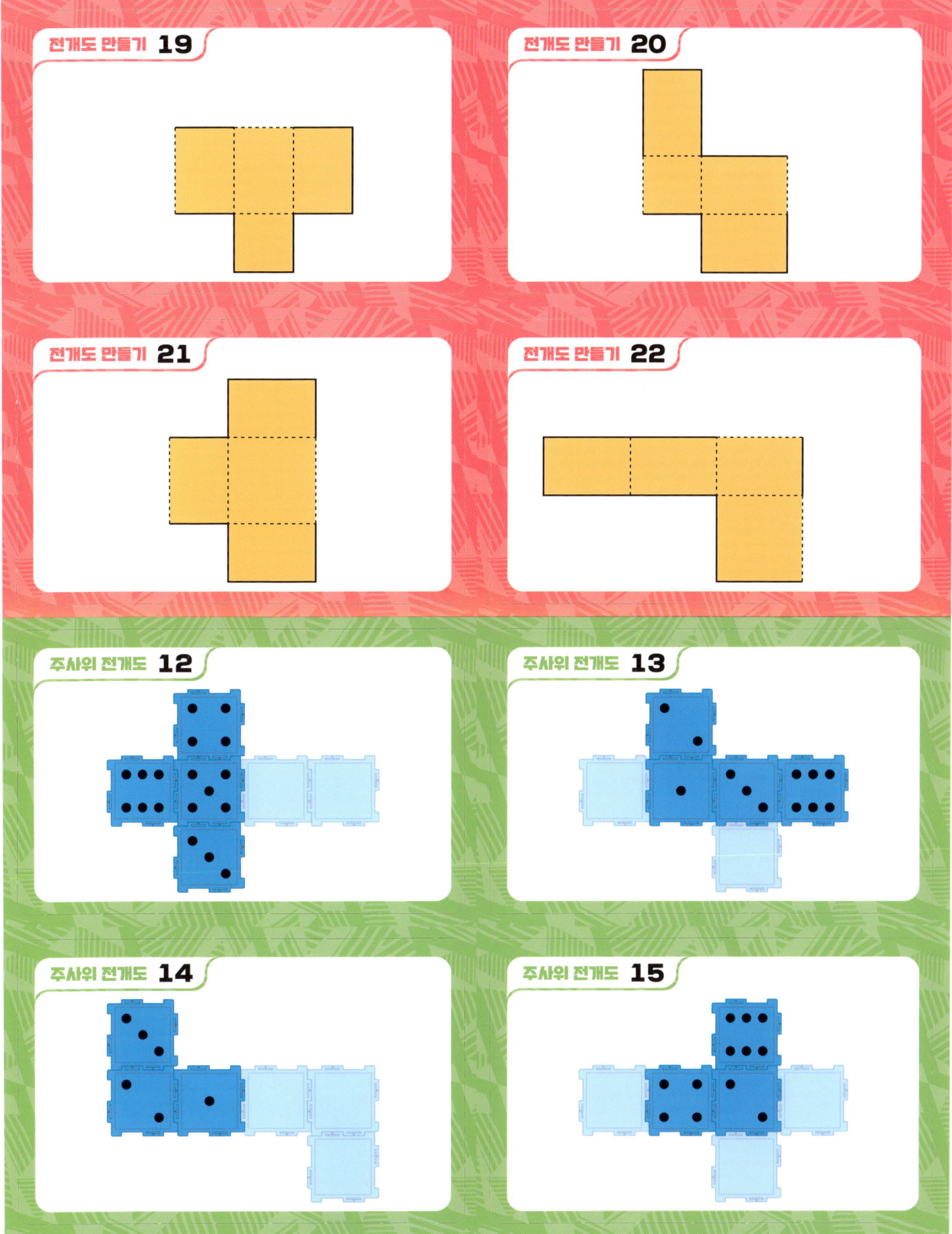

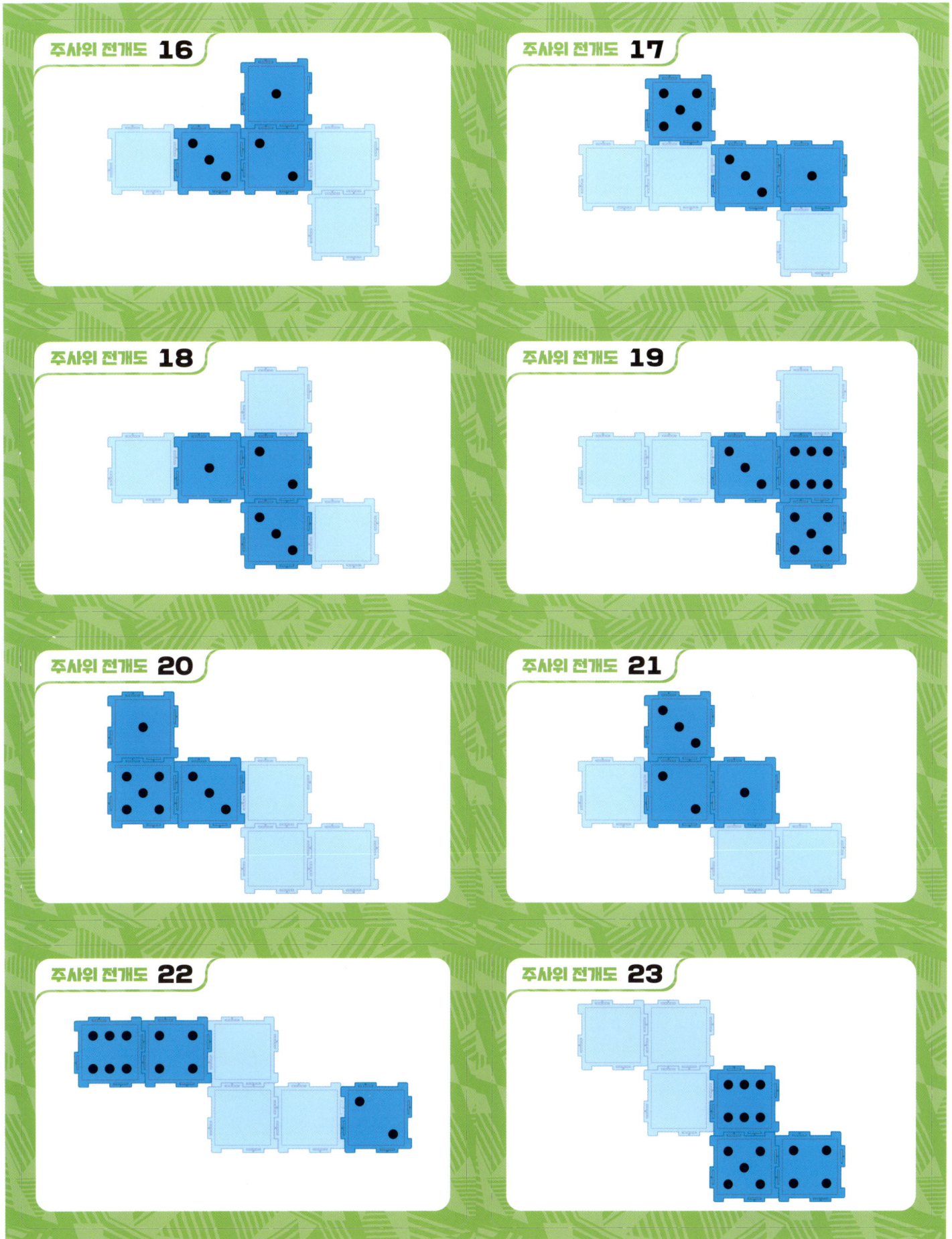

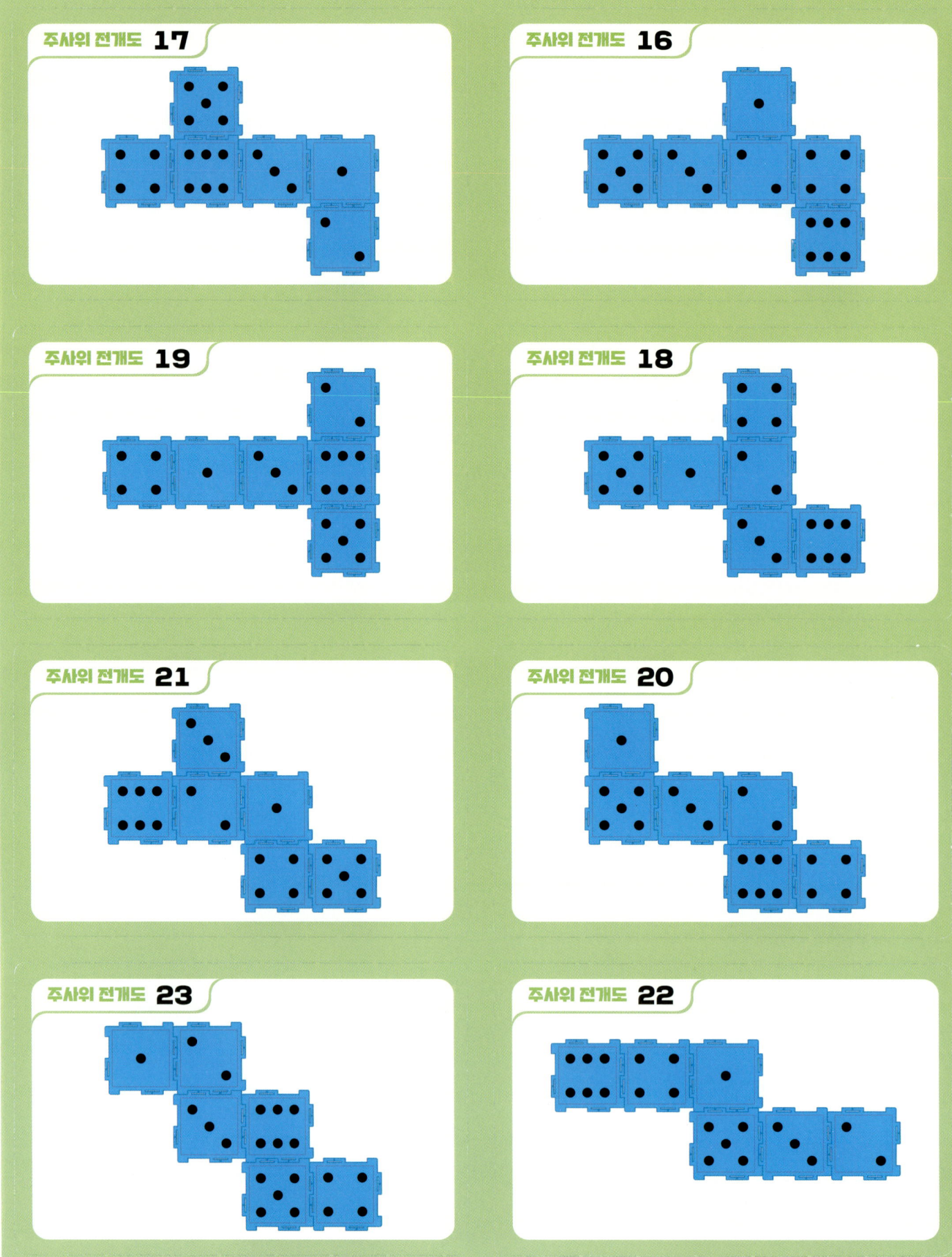

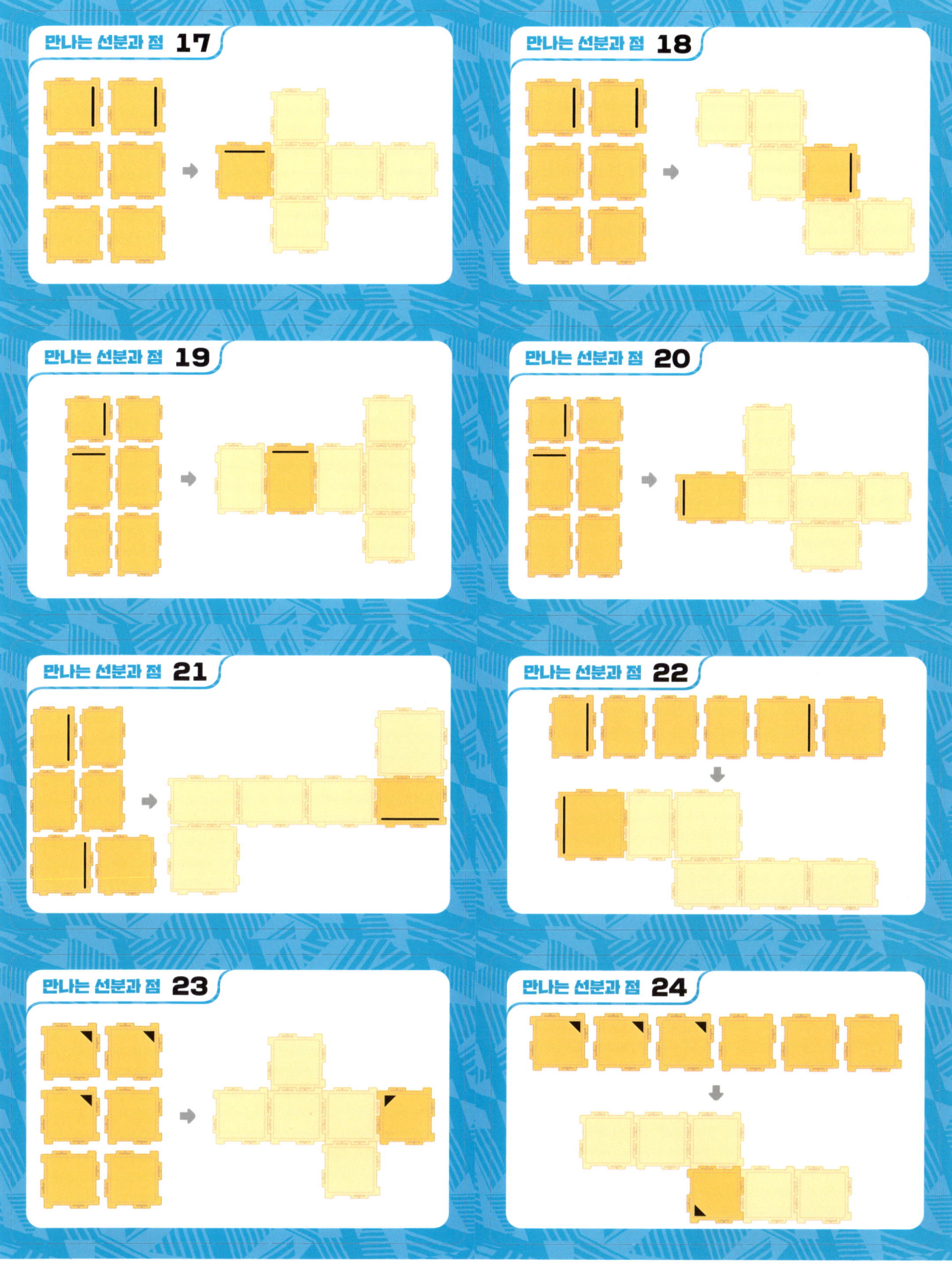

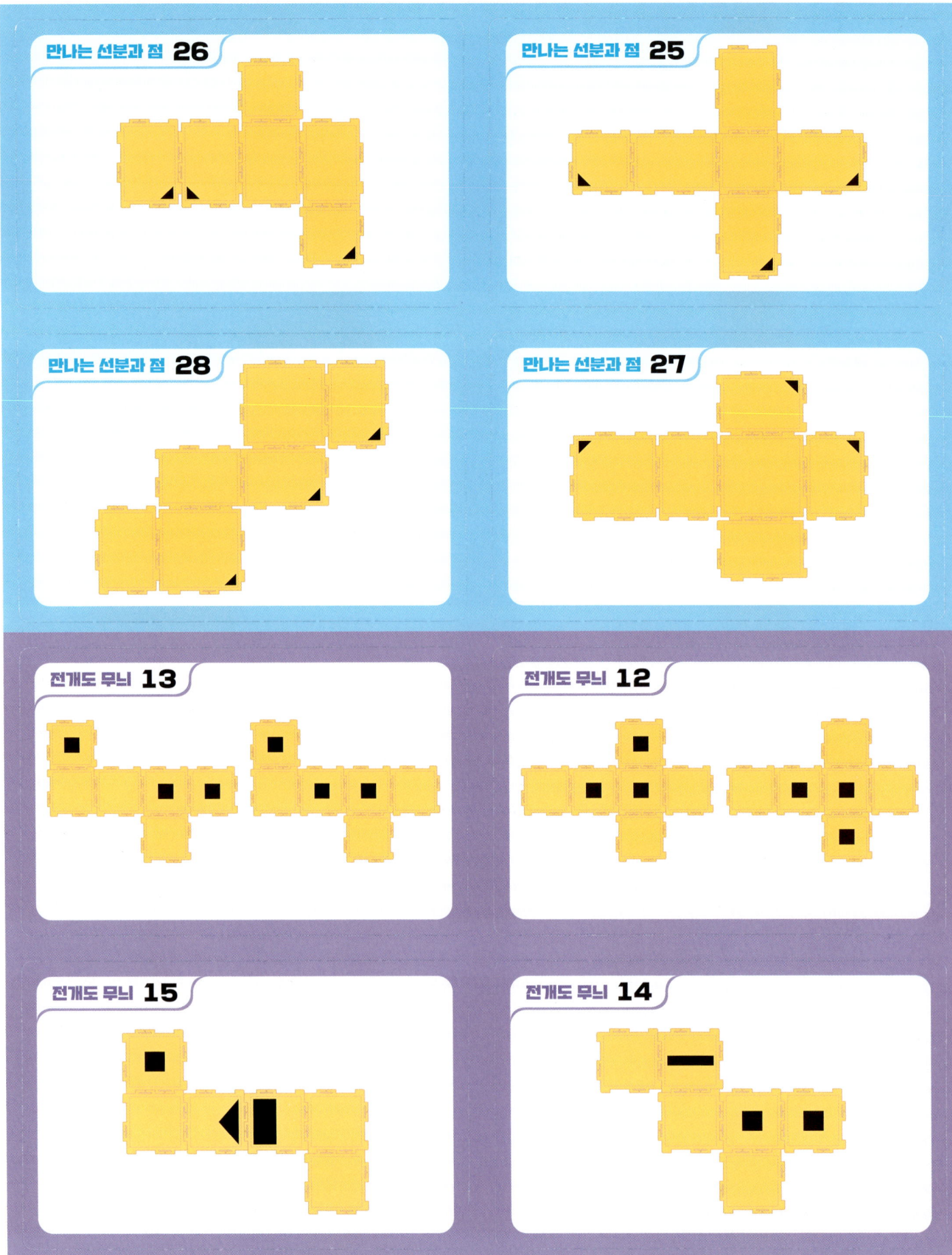

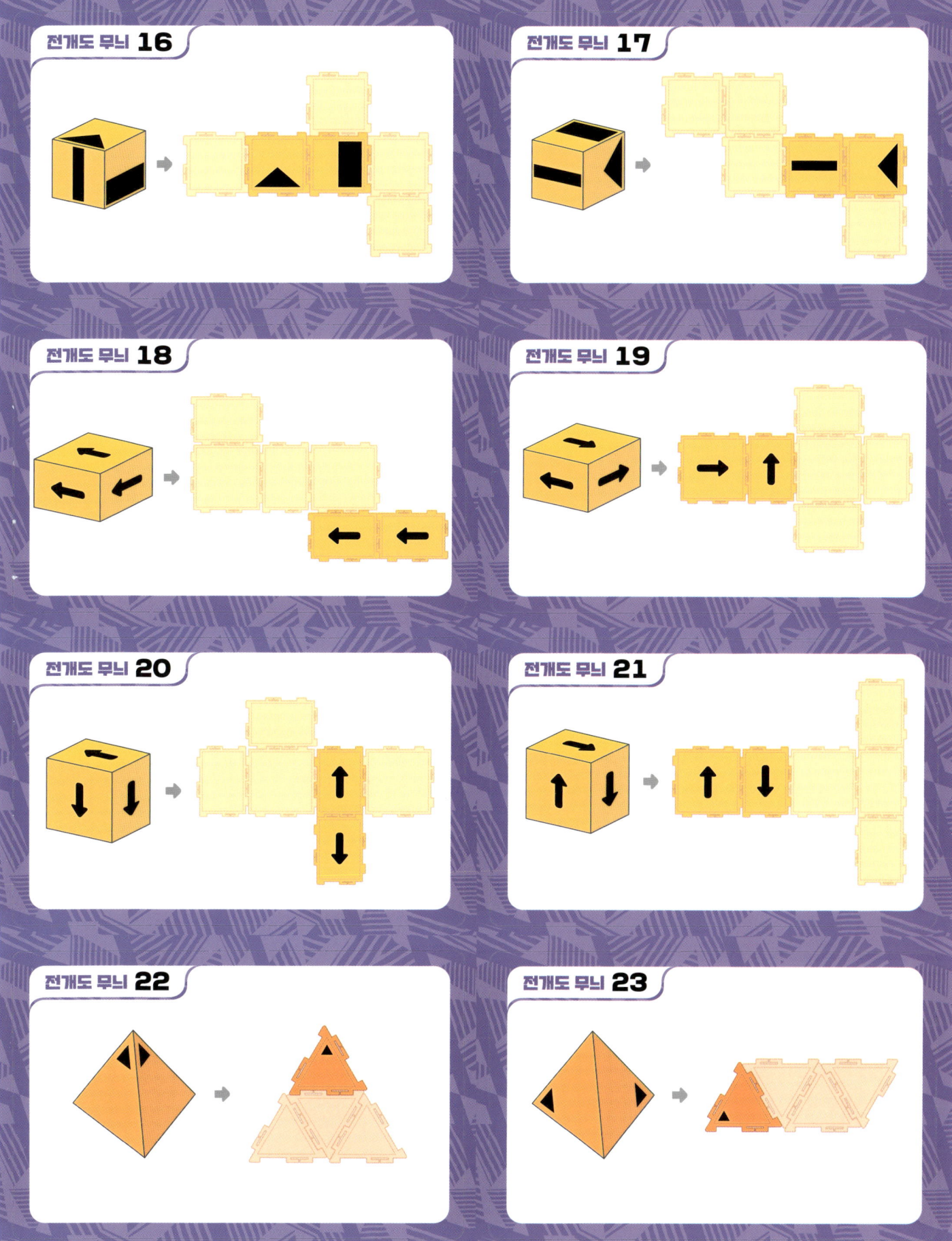

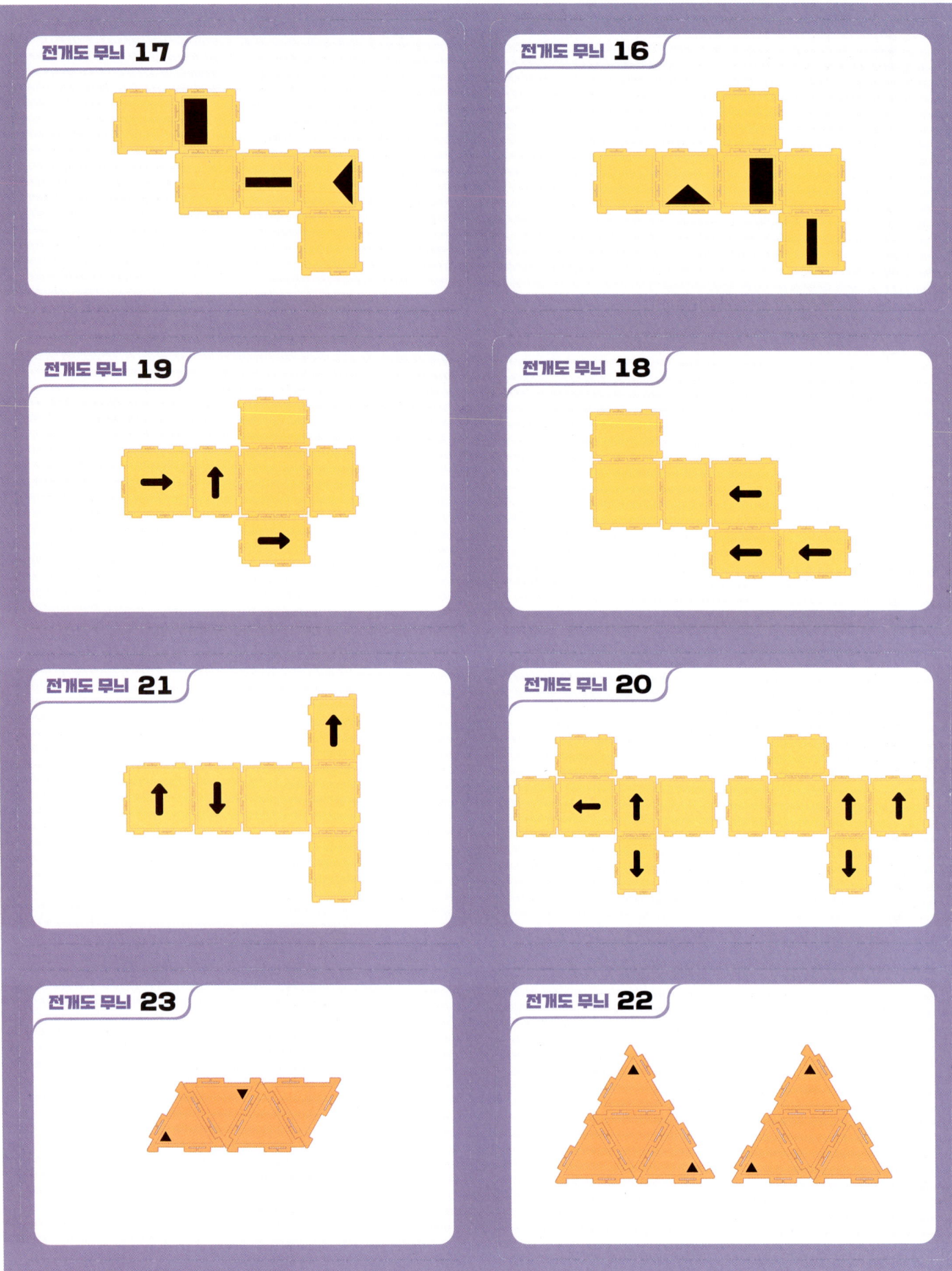

 **초등 수학 교구 상자**

펜토미노턴
평면 공간감각을 길러주는 **회전 펜토미노** 퍼즐

 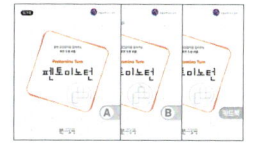

초등학생들이 어려워하는 '평면도형의 이동'을 펜토미노와 패턴 블록으로 도형을 직접 돌려보며 재미있게 해결하는 공간감각 퍼즐입니다.

큐브빌드
입체 공간감각을 길러주는 **멀티큐브** 퍼즐

머릿속으로 그리기 어려운 입체도형을 쌓기나무와 멀티큐브를 이용하여 직접 만들어 위, 앞, 옆 모양을 관찰하고, 다양한 입체 모양을 만드는 공간감각 퍼즐입니다.

폴리탄
도형감각을 길러주는 **입체 칠교** 퍼즐

 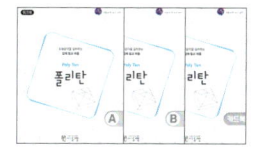

정사각형을 7조각으로 자른 '입체 칠교'와 직각이등변삼각형을 붙인 '입체 볼로'를 활용하여 평면뿐만 아니라 다양한 입체도형 문제를 해결하는 퍼즐입니다.

트랜스넘버
자유자재로 식을 만드는 **멀티 숫자** 퍼즐

 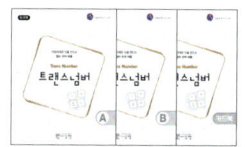

자유자재로 식을 만들고 이를 변형, 응용하는 활동을 통해 연산 원리와 연산감각을 길러주는 멀티 숫자 퍼즐입니다.

머긴스빙고
수 감각을 길러주는 **창의 연산** 보드 게임

빙고 게임과 머긴스 게임을 활용하여 수 감각과 연산 능력을 끌어올리고 전략적 사고를 키우는 사고력 보드 게임입니다.

폴리스퀘어
공간감각을 길러주는 **입체 폴리오미노** 보드 게임

 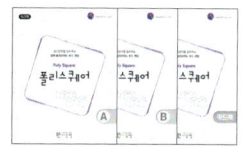

모노미노부터 펜토미노까지의 폴리오미노를 이용하여 다양한 모양을 만들어 보고, 공간을 차지하는 게임으로 공간감각을 키우는 공간점령 보드 게임입니다.

큐보이드
입체를 펼치고 접는 **공간 전개도** 퍼즐

 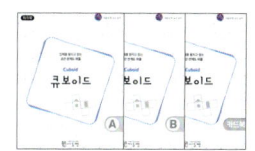

여러 가지 모양의 면을 자유롭게 연결하여 접었다 펼치는 활동을 통해 직육면체 전개도의 모든 것을 알아보는 공간 전개도 퍼즐입니다.

I hear and I forget 듣기만 한 것은 잊어버리고

I see and I remember 본 것은 기억되지만

I do and I understand 직접 해 본 것은 이해가 된다

Cuboid
큐보이드

펴낸곳: ㈜씨투엠에듀   **발행인:** 한헌조

이 책의 전부 또는 일부에 대한 무단전재와 무단복제를 금합니다.

모델명: 필즈엠_큐보이드
제조년월: 2024년 05월
주소 및 전화번호: 경기도 수원시 장안구 파장로 7(태영빌딩 3층) / 031-548-1191
제조국명: 한국

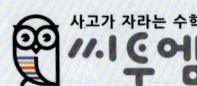